PARADISE VIEW

ハワイ
楽園&絶景
100

HE WELINA MAI `OE, ME KE ALOHA
KA I`INI PU`UWAI, EIA HO`I HAWAI`I NEI
HO`OLOHE`IA, E PILI MAI NEI
ALOHA AKU NO, HE HALI`A MAI NO

―こっちへおいで、愛をこめて。心から焦がれる、ここがハワイよ。
そばに来て聞いて、愛するこの地で。思い出はまた、よみがえる。

[『Welina Mai』より]

ALOHA KU`U HOME A I KE`ALOHI
KA `AINA I HI`IPOI `IA E NA KUPUNA
UA LA`I KA NOHONA A`O KU`U HOME
I KA MALU O NA PALI O KE KO`OLAU

―愛するふるさとと、祖先たちに大切に守られてきた土地。
穏やかな暮らしがここに、コオラウの山々に包まれながら。
「Aloha Ku`uhome A I Ke`alohi」より

HULI AKU KAUA I UKA
I KA A`A NA KUKUI
UA LIKE ME NA HOKU
E KAU ANA I NA PALI

―あなたと私、丘へ進めば、キラキラ光る街の灯り。
まるで、たくさんの星みたい。2人寄り添って眺めよう。
[『Po La`ila`i』より]

CONTENTS

 KAUAI

OAHU

オアフ島

1	ダイヤモンド・ヘッド	P.10
2	サンドバー	P.16
3	マジック・アイランド	P.22
4	ドルフィン・スイム	P.26
5	クアロア・ランチ ハワイ	P.30
6	ワイキキ・ビーチ	P.34
7	タンタラスの丘	P.40
8	ロイヤル ハワイアン ラグジュアリー コレクション リゾート	P.44
9	アウラニ・ディズニー・リゾート ＆スパ コオリナ・ハワイ	P.48
10	ファーマーズ・マーケット	P.52
11	シャングリラ邸	P.56
12	ハレイワ	P.60
13	カイルア	P.64
14	チャイナタウン	P.68
15	ワイマナロ・ビーチ	P.72
16	ハナウマ湾	P.74
17	ワイメア・ベイ・ビーチ・パーク	P.76
18	ラニアケア・ビーチ	P.77
19	サンセット・ビーチ	P.78
20	ザ・カハラ・ホテル＆リゾート	P.80
21	モアナ サーフライダー ウェスティン リゾート＆スパ	P.82
22	ハレクラニ	P.84
23	アウトリガー・ワイキキ・ビーチ・リゾート	P.85
24	マノアの滝	P.86
25	マカプウ岬	P.88
26	カイヴァリッジ・トレイル	P.90
27	ココヘッド・トレイル	P.91
28	ビショップ・ミュージアム	P.92
29	イオラニ宮殿	P.94
30	ホノルル美術館スポルディング・ハウス	P.96

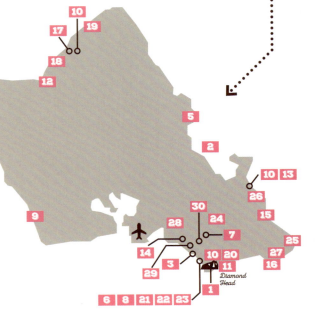

マウイ島

- 88 ハレアカラ国立公園 P.164
- 89 ラハイナ P.170
- 90 パイア P.174
- 91 モロキニ島 P.180

カウアイ島

- 92 ナ・パリ・コースト P.184
- 93 ハナレイ P.188
- 94 ワイメア渓谷 P.192
- 95 コロア P.196
- 96 ワイルア川州立公園 P.200
- 97 ケアヒアカヴェロ(神々の庭園) P.204

ラナイ島

- 98 シップレック・ビーチ P.208
- 99 ラナイ・シティ P.212

モロカイ島

- 100 モロカイ島 P.216

HAWAIIAN ISLANDS MAP

ハワイ島

- 76 キラウエア火山 P.130
- 77 マウナ・ケア P.136
- 78 ワイピオ渓谷 P.142
- 79 ヒロ P.146
- 80 ホノカア P.150
- 81 チェーン・オブ・クレーターズ・ロード P.154
- 82 ハイウェイ19 P.155
- 83 コハラ・マウンテン・ロード P.156
- 84 サドル・ロード P.157
- 85 グリーンサンド・ビーチ P.158
- 86 プナルウ ブラックサンド・ビーチ P.160
- 87 ホロホロカイ・ビーチ P.162

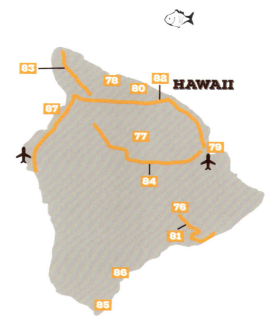

TRAVEL INFORMATION P.220
INDEX P.222

Scene of ALOHA
ヘブンリー・ハワイのアロハな風景

PUA　　　　　　　　　　[花]
- 31　フラワー・レイ P.98
- 32　KCCファーマーズ・マーケットのハイビスカス P.100
- 33　アロハ・シャツ P.101
- 34　バード・オブ・パラダイス P.101
- 35　ブーゲンビリア P.102
- 36　プルメリア P.102
- 37　ハワイアン・キルト P.103
- 38　花モチーフ雑貨 P.103

HULA　　　　　　　　　　[フラ]
- 39　マリポサ P.104
- 40　ケイキ・フラ P.104
- 41　カアナ P.105
- 42　ハワイアン・ジュエリー P.105
- 43　楽器 P.105
- 44　ポストカード P.106
- 45　フラ・ドール P.106
- 46　オヒア・レフア P.107
- 47　メリー・モナーク P.107
- 48　クヒオ・ビーチ・トーチ・ライティング&フラ・ショー P.107

ANUENUE　　　　　　　　[虹]
- 49　ダブル・レインボー P.108
- 50　シェイブ・アイス P.110
- 51　ナンバー・プレート P.111
- 52　レインボー・ブレッド P.111
- 53　パラソル P.111

LAAU　　　　　　　　　　[木]
- 54　モンキーポッド P.112
- 55　ヤシの木 P.114
- 56　ハウ・ツリー・ラナイ P.115
- 57　コア・ウッド P.116
- 58　ウクレレ P.116
- 59　レインボー・ユーカリ P.116
- 60　ティキ P.117
- 61　バニヤン・ツリー P.117

HOLOHOLONA　　　　　[生き物]
- 62　トロピカル・フィッシュ P.118
- 63　ネネ P.120
- 64　クジラ P.120
- 65　ハワイアン・モンク・シール P.121

HOOLAULEA　　　　　　[イベント]
- 66　ランタン・フローティング P.122
- 67　花火 P.122
- 68　トリプル・クラウン P.123
- 69　JALホノルルマラソン P.123

AINA　　　　　　　　　　[グルメ]
- 70　パンケーキ P.124
- 71　アサイー・ボウル P.125
- 72　ハンバーガー P.126
- 73　マラサダ P.127
- 74　ハワイアン・カクテル P.127
- 75　カップケーキ P.127

■本書のデータは2014年12月現在のものです。
■掲載された情報については、現地の状況により変化することがありますので、旅行の前に最新情報をご確認ください。また、写真についてはあくまでイメージのため同じ光景を見られるとは限りません。
■本書の「CHART」の「難易度」は、掲載場所に行けるか否か、現地での移動時間や難易などを勘案した、編集部独自の目安です。また、「予算」は掲載場所で使う金額の目安で、掲載場所までの交通費や宿泊費などは含まれておりません。金額に含まれている内容は※印以下に記載してありますので、ご参照ください。
■本書の「ACCESS」や「ADVICE」、「＋INFORMATION」の内容は、状況に応じて変わる場合があります。また、「PLANNING」の所要時間、内容などもあくまで目安です。
■掲載情報による損失、および個人的トラブルに関しましては、当社は一切の責任を負いかねますので、あらかじめご了承ください。

表紙写真：ワイキキ・ビーチ（→P.34）

OAHU

オアフ島

1	ダイヤモンド・ヘッド P.10	17	ワイメア・ベイ・ビーチ・パーク P.76
2	サンドバー P.16	18	ラニアケア・ビーチ P.77
3	マジック・アイランド P.22	19	サンセット・ビーチ P.78
4	ドルフィン・スイム P.26	20	ザ・カハラ・ホテル&リゾート P.80
5	クアロア・ランチ ハワイ P.30	21	モアナ サーフライダー ウェスティン リゾート&スパ P.82
6	ワイキキ・ビーチ P.34		
7	タンタラスの丘 P.40	22	ハレクラニ P.84
8	ロイヤル ハワイアン ラグジュアリー コレクション リゾート P.44	23	アウトリガー・ワイキキ・ビーチ・リゾート P.85
9	アウラニ・ディズニー・リゾート &スパ コオリナ・ハワイ P.48	24	マノアの滝 P.86
		25	マカプウ岬 P.88
10	ファーマーズ・マーケット P.52	26	カイヴァリッジ・トレイル P.90
11	シャングリラ邸 P.56	27	ココヘッド・トレイル P.91
12	ハレイワ P.60	28	ビショップ・ミュージアム P.92
13	カイルア P.64	29	イオラニ宮殿 P.94
14	チャイナタウン P.68	30	ホノルル美術館 スポルディング・ハウス P.96
15	ワイマナロ・ビーチ P.72		
16	ハナウマ湾 P.74		

天に向けぽっかりと口をあけた
迫力満点のランドマーク・オブ・ハワイ

山のすぐ下は
ダイヤモンド・
ヘッド・ビーチ

ダイヤモンド・ヘッド
Diamond Head

山の南西部分 ワイキキ寄りに山頂があります

3 P10-11_中央クレーター部分の広さは1.4km²におよぶ。**1**ワイキキ・ビーチ越しにそびえるダイヤモンド・ヘッドは、ハワイを象徴する眺望だ。**2**切り立った斜面の先に太平洋の大海原が広がる。**3**クレーター内には駐車場やインフォメーションセンターもある。**4**登山道から見下ろせばクレーターの形がよく分かる。奥に見えるのはココヘッド。

PARADISE VIEW Travel Guide 1

ダイヤモンド・ヘッド
Diamond Head

抜群の存在感を誇る美しい山はトレッキングコースとしても人気

約30万年前の噴火でできたといわれる標高232mの火山。ホノルルの街やビーチから眺める美しい山容や、中央にぽっかりとあいた巨大なクレーターなど、独特の形状と存在感で古くからハワイのランドマーク的な役割を果たしてきた。地形や見晴らしのよさから、第二次世界大戦までは軍事施設としても機能。現在は頂上からワイキキ市街を見下ろすパノラマビューの美しさや、40分ほどで登れる手軽さで、ローカルにも観光客にも人気のトレッキングコースとなっている。

WHERE?
オアフ島南東部、ワイキキの東にそびえ立つ。西のカピオラニ公園、南のダイヤモンド・ヘッド・ビーチなど、山裾にも名所が点在。

DATA
時 6:00～18:00
休 無休
料 入場料$1、または車1台につき$5

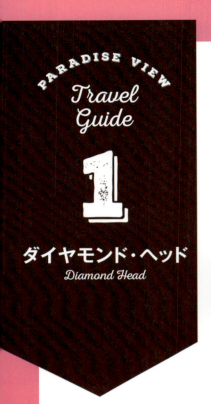

ダイヤモンド・ヘッド ― Diamond Head

ACCESS ✈
ワイキキから車の場合はカラカウア通り (Kalakaua Ave.)、モンサラット通り (Monsarrat Ave.) 経由で約10分。登山道入り口の駐車場まで入れる。トロリーはグリーンラインでダイヤモンド・ヘッド・クレーター(内側)下車。30～40分かかる。ザ・バスはクヒオ通りの海側バス停から23番で約15分、下車後徒歩約15分。本数が多い2番でも来られる。

CHART
▶スケール度　★★★★☆
▶難易度　　　★☆☆☆☆
▶予算　　　　$5　大人1人当たりの予算
　　　　　　　※入場料＋ドリンク購入など

ADVICE
気軽に登れる山だが山道はほとんど未舗装なので、スニーカーは必須。水の販売も常設ではないので、用意しておきたい。登山前のトイレも忘れずに。おすすめはサンライズ。開門時間との兼ね合いがあり山頂で見られるのは冬季のみだが、水平線から顔を出す朝日は感動モノだ。

開門時間はトロリー始発前なので、日の出ツアーへの参加かレンタカーを利用

＋INFORMATION

遊覧飛行ツアーで上空から山を見下ろす

ホノルルにはセスナやヘリを使った遊覧飛行のツアーが多数。30分$150前後で、ほとんどがダイヤモンド・ヘッド上空も飛んでくれる。上から見下ろせば丸いクレーターの形や大きさが手に取るように分かり、地上からでは決して見られない壮大な眺めが堪能できる。

上から見ると巨大なすり鉢のよう。海の色との対比も秀逸だ

オアフ島	ダイヤモンド・ヘッド *Diamond Head*

PLANNING

絶景目指して
往復約2時間の
トレッキング

START

AM 8:30　ワイキキ中心部からトロリーで登山口へ

グリーンラインは登山道の入り口まで乗り入れているので便利。T ギャラリア by DFSを8時30分発の始発に乗れば、9時15分には登山口に到着。

水などは乗車前に買っておこう

AM 9:15　ダイヤモンドヘッド（内側）で降りて、登山スタート！

トロリーを降りたらさっそく登山開始。最初は舗装された道路で楽に歩けるが、だんだんと砂利道になっていき、緩やかな上り坂が続く。

下りてくる人とすれ違う際はあいさつを

AM 9:40　途中、展望台付きの休憩所で、景色を楽しみつつひと休み

途中の展望台ではカハラからハワイカイに続く海岸線、ココヘッドまで見渡せる。ベンチもあるのでひと休みも兼ねて景色を楽しもう。

1つ目の
展望台からの
景色も抜群！

広い場所ではないので譲り合いの精神で

AM 10:00　山頂までもうひと息！99段の階段が最後の難関

2つで合計175段。登った後はトンネルを抜ければ頂上だ

展望台を出るとすぐに76段ある1つ目の階段。さらにその先にあるのが角度も急な99段の階段だ。ここを登りきればゴールはもうすぐ。

AM 10:10　山頂の展望台からワイキキの街とビーチを眺める

外に出ると一気に視界が開けて、頂上は360度の大パノラマ。ワイキキのビル群やビーチ、エメラルドグリーンの海を見渡せる。
逆側は遠くハワイカイまで望める

AM 11:00　行きとは別の下山ルートで飽きることなく下山

下りは途中まで登りと別のルート。眼下に広がるクレーターや海など、また違った風景も楽しめる。30分弱で登山口だ。

ダイヤモンド・ヘッド灯台も見落とさないように

GOAL

AROUND SPOTS

ダイヤモンド・ヘッド・マーケット＆グリル
Diamond Head Market & Grill

ヘルシーな惣菜やプレートランチが揃う。スコーンやハウピアパイなど、店内で作られるスイーツも人気。

☎808-732-0077
所 3158 Monsarrat Ave. 時 6:30～21:00 休 無休 交 モンサラット通り沿い

店前のベンチで食べるのもいい

ボガーツ・カフェ
Bogart's Cafe

カピオラニ公園に近く、朝からロコたちで賑わうカフェ。特に朝食メニューが充実しており、日の出登山帰りにぴったり。

☎808-739-0999
所 3045 Monsarrat Ave. 時 月～金 6:00～18:30、土・日曜～18:00、祝日～15:00 休 無休 交 モンサラット通り沿い

パンケーキもフルーツたっぷり

パイオニア・サルーン
Pioneer Saloon

日本人オーナーが手がけるプレートランチ店。しょうが焼きやテリヤキなど、ボリューミーなメニューが揃っている。

☎808-732-4001
所 3046 Monsarrat Ave. 時 11:00～20:00 休 月曜 交 モンサラット通り沿い

ライスは玄米など4種から選べる

15

2
オアフ島
サンドバー
Sandbar

潮の満ち引きが生み出す
白砂と海が描く美のコントラスト

サンドバー
Sandbar

海の上にいる不思議な感覚を体感してみて

P16-17_白い砂浜とエメラルドグリーンの海の景色は息をのむ美しさ。P18_悪天候の日や潮の流れが速い日は見られないことから幻のビーチとも呼ばれる。❶幸せの象徴といわれるウミガメにも会える。❷360度海に囲まれた空間で贅沢な時間を過ごそう。❸海水は透き通っており、サンドバーと海の境目もくっきり。❹遠くに見えるのはコオラウ山脈。

19

PARADISE VIEW
Travel Guide 2
サンドバー
Sandbar

パワーを感じる神聖な場所に現れる
どこまでも続く神秘的な海と砂浜

干潮時のみ現れる真っ白な砂浜、サンドバー。潮の満ち引きによってくるぶしほどの深さの浅瀬が広がる、自然が生み出した神秘的な空間。砂が白いのは、カネオヘ湾のサンゴが細かくなった砂で形成されているから。約1億年前、火山の噴火口が地震で隆起し、その後長い年月をかけて砂が堆積、海の一部に砂浜ができるようになった。かつてフラの女神ラカが火の女神ペレに踊りを捧げたといわれる、パワー＆ヒーリングスポットとしても知られている。

WHERE?
オアフ島東部に広がる幅約13km、奥行き約4kmのカネオヘ湾沖に存在。岸から800mほど離れた海の真ん中に干潮の時だけ出現する。

DATA
☎808-922-2343
営午前の部8:00頃～13:30頃、午後の部11:30頃～17:30頃（送迎時間含む）
休日曜、祝日
※キャプテン・ブルース 天国の海®ツアー

ACCESS ✈
カネオヘ湾はワイキキから車で35分ほど。ただし、サンドバーはツアーでのみ行ける場所で、「キャプテン・ブルース 天国の海®ツアー」が有名。このツアーでは宿泊しているワイキキの主要ホテルから、カネオヘのボートハーバーまで送迎してくれる。午前の部は7時50分～8時35分に、午後の部は11時20分～12時5分に出発する。

CHART
▶スケール度　★★★★☆
▶難易度　　　★★☆☆☆
▶予算　$105～　大人1人当たりの予算
※朝の天国の海ツアー利用時

ADVICE
船でサンドバーへ向かうため、貴重品は少なく、濡れても構わない格好にしよう。また、靴は脱いで乗船するのでサンダルを、更衣室はないので海へ入りたい人はあらかじめ水着を着てくるのがベスト。海から上がる際は寒く感じる場合があるので、羽織れるものが1つあると安心だ。

水中カメラや写真の販売もあるので、多少の現金があると便利

+ INFORMATION
ツアーに参加して美しい海のもとへ！
サンドバーへ訪れることができるキャプテン・ブルース 天国の海®ツアーでは、日本語ガイドが同行し、アクティビティも楽しめる。朝の天国の海ツアー$105～、午後のBBQツアー$110～のほか、定員6人で貸し切れる「貸切！天国の海」$725～もおすすめ。

HP www.tengokunoumi.com
日本語 可　予約 要

| オアフ島 | サンドバー Sandbar |

PLANNING

朝の天国の海ツアーに参加！

START

AM9:30　カネオへのボートハーバーからサンドバーへ出発

各ホテルからカネオへに到着したら、いよいよ乗船してサンドバーへ。雄大な海と山の景色を眺めながらゆっくりクルーズを楽しもう。

日焼け止めなどしっかり準備して乗ろう

AM9:45　まずはのんびりメインサンドバーをお散歩♪

到着したら、まずは数多くのロケにも使われたメインサンドバーへ。歩いてみたり、のんびり景色を眺めたり思い思いに過ごしてみよう。

潮の満ち引きによって足首まで、腰までなど、海面の高さが異なる

AM11:30　船上でスナックメニューをいただきま～す！

アクティビティを楽しんだらクロワッサンなどの軽食タイム。好きなものを好きなだけ食べておなかも満たそう。

ビュッフェスタイルがうれしい

AM9:40　待ちに待ったサンドバーへ到着！

途中ウミガメがよく顔を出すポイントを通りつつ10分ほどで到着。船が停泊できる浅瀬ギリギリまで連れて行ってくれる。

時間が経つにつれてどんどん変化する景色も楽しみのひとつ

AM10:30　初心者も安心！シュノーケリングにチャレンジ

メインサンドバーを満喫したら、次はアクティビティに挑戦。初心者でもできるよう、日本語ガイドがしっかり教えてくれる。

パドルボードやカヤックもできます！

海中を潜ればサンゴ礁と小さな魚たちがいっぱい。運がよければウミガメも

AM12:30　夢の時間も終わり近づきボートハーバーへ帰港

楽しい時間が過ぎるのはあっという間。ツアーの様子を収めたDVDも販売しているので、記念にぜひ。

早い時間にワイキキに戻れるので、午後も有意義に活用できる

GOAL

AFTER PLAN

マリーズ・ヘルス・フード・オーガニック・カフェ
Marie's Health Foods Organic Café

オーガニック野菜やフルーツをたっぷり使用したバーガーやスムージーなど、ヘルシーなメニューが楽しめるカフェ。

☎808-921-2320
所2113 Kalakaua Ave. #201　時8:00～20:00、日曜11:00～17:00　休無休　交サラトガ通り沿い

人気No.1のピタヤスムージー

マリエカイ・チョコレート
Malie Kai Chocolates

希少価値の高いハワイ産カカオのみを使用したチョコレート専門店。かわいいパッケージはおみやげにおすすめ。

☎808-922-9090
所2301 Kalakaua Ave. ロイヤル・ハワイアン・センターC館1階　時10:00～22:00　休無休　交カラカウア通り沿い

マウイ産ラムを使ったラム・トリュフ

イリカイ・マッサージ・スパ
Ilikai Massage Spa Hawaii

日本で活躍する美容家長村幸子さんが経営するスパサロン。独自のロミロミなど痩身マッサージで疲れを癒して。

☎808-944-8882
所1777 Ala Moana Blvd. イリカイ・ホテル＆スイーツ1階　時10:00～23:00　休無休　交アラモアナ通り沿い

ロミロミ＆スリムが大人気

21

3

オアフ島

マジック・アイランド
Magic Island

夕景の美しさで知られる静かなビーチ
明から暗へ、移りゆく空の表情に陶酔

もともとは
ゴミを集めた
埋め立て地

P22-23 艶やかに染まった空と海にヤシの木のシルエットが浮かび上がり、幻想的な光景に。**1**先端の入り江は防波堤で囲まれているので波も穏やか。**2**島を一周する歩道や芝生の広場があり、あちこちにベンチも設置されている。**3**夕暮れ時にはジョギングやウォーキングをするローカルも多い。**4**アラモアナ・ビーチ側から見たマジック・アイランド。ワイキキ・ビーチの喧騒とはうってかわって、静かな環境が魅力だ。

オアフ島	マジック・アイランド Magic Island

PARADISE VIEW
Travel Guide
3
マジック・アイランド
Magic Island

気ままに過ごせる憩いの場として
ローカルに愛される穴場エリア

東西約1kmにわたるアラモアナ・ビーチや芝生のピクニックエリアなどが備わるアラモアナ・ビーチパーク。この公園の東端から半島のように海に突き出しているのがマジック・アイランドだ。1964年に造られた人工のエリアで、ローカルがのんびりと海水浴や釣り、サーフィンを楽しむ穴場スポット。先端には三日月形の入り江があり、ここから望む夕日はオアフ島でも指折りの美しさとして知られている。花火大会やカーニバルなど、イベントの会場として使われることも多い。

WHERE?
オアフ島南部、ワイキキにほど近いアラモアナ地区の海岸線に位置。アラモアナ・センターの南側にあり、アラワイ・ハーバーに隣接。

DATA
所 Ala Moana Blvd. At the end of Ala Moana Beach Park
時 入場自由

マジック・アイランド　Diamond Head

ACCESS
ワイキキの中心部からアラモアナ・ビーチパークへは、アラモアナ通り（Ala Moana Blvd.）経由で徒歩約30分。トロリーならピンクラインに乗って約15分で到着する。ザ・バスを利用する場合は、クヒオ通りの山側バス停から、8・19・20・23・42番バスで約15分で到着。アラモアナ・センターやワード・センターズからは歩いて5～15分ほどだ。

CHART
▶スケール度	★★★☆☆
▶難易度	★☆☆☆☆
▶予算	$10　大人1人当たりの予算 ※ランチ購入など

ADVICE
夕暮れ時のサンセットはもちろん、ワイキキの海と街越しにダイヤモンド・ヘッドの雄姿を眺める早朝散歩、日没後にきらめくワイキキの夜景など、1日を通じてさまざまな表情が楽しめる。サンセットは事前に日没時間の確認を。ビーチはライフガード常駐なので安心だ。

茜色、紫、ピンクなど、時間の変化とともに移りゆく色彩に心を奪われる

+ INFORMATION
ショッピングついでにふらりとビーチへ
ハワイ最大のショッピングモール、アラモアナ・センターから徒歩5分程度なので、買い物ついでにビーチを訪れるのもおすすめ。1階のスーパーやフードコートには、新鮮な野菜や果物、デリがずらり。好みのグルメをテイクアウトすれば、ビーチでピクニック気分が満喫できる。

約300のショップのなかには、日本未上陸のブランドも多数

とけあうヒーリングタイム
豊かなハワイの海でイルカとともに

4

オアフ島

ドルフィン・スイム
Dolphin Swim

イルカたちを驚かさないよう静かに泳ごう

仲よく泳ぐイルカの親子が見られることも

[1] P26-27_スピナー・ドルフィン（ハシナガイルカ）とハンドウイルカを中心に、10種類近くのイルカが棲むハワイの海。[1]すぐ目の前を泳ぐイルカの姿に感動！[2]ウミガメにも出会えるツアーも多い。[3]ボートの横を並走したりジャンプしたり、愛らしい姿を見せてくれる。[4]多い時で150頭以上の群れに遭遇することもある。

| オアフ島 | ドルフィン・スイム
Dolphin Swim |

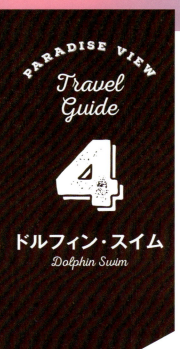

PARADISE VIEW
Travel Guide 4
ドルフィン・スイム
Dolphin Swim

たくさんのイルカが暮らす楽園でドルフィン・スイムに挑戦！

美しく豊かな大海原に囲まれたハワイ諸島は、多くの生き物が棲む海洋生物の楽園だ。なかでも、とても人懐っこく好奇心旺盛なイルカは、ハワイの海を代表する人気者。ホテルや観光施設で飼育されているイルカと遊ぶアクティビティも人気だが、せっかくだから野生のイルカとふれあいたい。そんな希望を叶えてくれるドルフィンツアーが、ハワイには多数用意されている。降り注ぐ光に照らされながらイルカたちが泳ぐ光景は、まるで竜宮城のような優雅さと神秘に満ちている。

WHERE?
イルカの一大生息地として知られるハワイ諸島。オアフ島ならより多くの自然が残る西海岸が有名で、多くのツアーが開催されている。

└ ドルフィン・スイム

ACCESS ✈
遭遇率が高い島有数のポイント・西海岸のマカハはワイキキから約60km、車で1時間ほどの距離。H1西行きを終点まで走り、93号線（Farrington Hwy.）で西海岸沿いをひたすら北上する。ツアーに参加する場合は、ホテルまでの送迎付きがほとんど。途中のワイアナエ・ヨット・ハーバーから沖合のポイントまで、ボートを利用することが多い。

ADVICE
ツアーに参加すればイルカにはかなりの確率で会えるが、もちろん遭遇できないこともある。会えなかった場合は、後日再チャレンジOKなどツアーによって決まりがあるので、当日の持ち物と併せて事前に確認を。船酔いが心配な人は、酔い止めを服用してから乗船しよう。

イルカと会話できるかのような近さ！
イルカのほうから近づいてくることも

CHART
▶スケール度	★★★★★
▶難易度	★★★☆☆
▶予算	$135　大人1人当たりの予算 ※「私立イルカ中学」のツアー利用時

+ INFORMATION
安心＆大興奮の「イルカ中学＆大学ツアー」

送迎付きでウミガメにも会えると好評なのが、「私立イルカ中学」「名門イルカ大学」のツアー。「私立イルカ中学」は、シンプルなシュノーケリングツアー。「名門イルカ大学」は、さらにフラ体験やマリンアクティビティ、朝食やランチまで付いた欲張り派向けだ。

HP www.iruka.com
日本語 可　予約 要

5 クアロア・ランチ ハワイ
オアフ島
Kualoa Ranch Hawaii

王族のみが立ち入ることを許された
聖なる大地のエネルギー

春には
たくさんの子牛が
生まれます

馬はよく
訓練されていて
初心者も安心

P30-31_背後には猛々しいコオラウ山脈が迫り、美しい山並みが続いている。❶上空から見た敷地の全景。沖合には小さな無人島・チャイナマンズハットも。❷起伏に富んだ山々やカネオヘ湾などの絶景ポイントをめぐる乗馬。❸広大な敷地内ではブラックアンガスを中心に約600頭の牛を放牧。❹映画『ジュラシック・パーク』や『GODZILLA』のロケ地としても知られている。ダイナミックな景観が魅力だ。

オアフ島　　クアロア・ランチ ハワイ
Kualoa Ranch Hawaii

PARADISE VIEW
Travel Guide
5
クアロア・ランチ ハワイ
Kualoa Ranch Hawaii

数々の神話が語り継がれる聖地は大自然を体感するアクティビティの宝庫

カメハメハ王朝直轄の土地として、古代には王族のみ立ち入りを許された聖なる地、クアロア。オアフ島で最も神聖な場所として地元の人々から崇められ、その雄大な自然から数多くの神話や伝説も誕生した。手つかずの自然は今も大切に受け継がれており、映画のロケ地や島を代表するアクティビティスポットとして人気。東京ドーム450個分の広大な敷地と変化に富んだ地形を生かした乗馬や四輪バギーのほか、谷、山、海をテーマにしたユニークなツアーを楽しむことができる。

WHERE?
オアフ島北東部、東海岸をノース・ショアへ北上する途中に位置。太平洋とコオラウ山脈に挟まれた海岸沿いに、壮大な自然が広がる。

DATA
☎808-237-7321
所 49-560 Kamehameha Hwy.
時 8:00 ～ 17:30(カフェテリアは7:30 ～ 18:00)
休 無休

クアロア・ランチ ハワイ →
Diamond Head

ACCESS ✈
ワイキキからは車で1時間ほど。H1西行き、63号線 (Likelike Hwy.)、83号線 (Kahekili/Kamehameha Hwy.) を経由し、クアロア・リージョナル・パークのすぐ先が入り口だ。ザ・バスを使う場合、アラモアナ・センターのコナ通り側のバス停から55番で約1時間30分。その他、パッケージツアーにはワイキキ、クアロア間の送迎も付く。

ADVICE
アクティビティに挑戦する場合は、動きやすく、汚れてもいい服装で参加しよう。催行プログラムによって参加条件があるので、事前に確認を。無料で入場できるビジターセンターには、カフェテリアやギフトショップ、トイレなどを完備。道の駅感覚で、気軽に立ち寄れるのがうれしい。

カフェテリアの名物クアロアバーガーは敷地内の牧草で飼育されたビーフを使用

CHART
▶スケール度	★★★★☆
▶難易度	★★☆☆☆
▶予算	$159　大人1人当たりの予算　※パッケージツアー利用時

+ INFORMATION
好みで選べるパッケージツアーが人気
多彩なアクティビティを効率よく楽しみたいなら、パッケージツアー($159)がおすすめ。まず乗馬か四輪バギーを選び、さらに映画のロケ地ツアーやジャングル探検などから、好みのアクティビティ2種目を選べる。ワイキキのホテルからの送迎とビュッフェ・ランチ付き。

HP www.kualoa.jp
日本語 可　予約 要

6 オアフ島
ワイキキ・ビーチ
Waikiki Beach

真っ白な砂浜とエメラルドなビーチ
常夏の楽園へようこそ

ワイキキ・ビーチ
Waikiki Beach

ダイヤモンド・ヘッドもくっきり！

[1] P34-35_世界中から観光客が集まるハワイのシンボル的ビーチ。マリンスポーツも盛んだ。P36_遠浅で透明度が高いクヒオ・ビーチ。[1]奥にダイヤモンド・ヘッド、手前に鮮やかなパラソルが並ぶ景観が美しいカハロア&ウルコウ・ビーチ。[2]クヒオ・ビーチは、夕日の美しさでも知られる。[3]周辺にはビーチグッズを販売している店も多いので、現地で調達してビーチへ繰り出そう。[4]クヒオ・ビーチとクイーンズ・サーフ・ビーチの間にあるカパフル・ピア。

PARADISE VIEW
Travel Guide

6
ワイキキ・ビーチ
Waikiki Beach

さまざまな特徴をもつビーチが集まって世界的ビーチリゾートを形成

ワイキキの街に沿って弧を描くように広がる、東西約3kmにもおよぶワイキキ・ビーチ。東にはダイヤモンド・ヘッドが横たわり、ビーチを目の前にリゾートホテルが立ち並ぶ様子は、ハワイを代表する景観のひとつ。実はワイキキ・ビーチとは、クヒオ・ビーチやデューク・カハナモク・ビーチなど連続する複数のビーチの総称で、それぞれ特徴が異なるビーチの集合体。逆にいえば少し移動するだけでさまざまな雰囲気が楽しめる。各ビーチを散策してみて、お気に入りを見つけよう。

WHERE?
オアフ島南部、ワイキキの海岸線沿い。一般的には、東はカピオラニ公園から西はヒルトン・ハワイアンビレッジまでの3kmほどを指す。

ワイキキ・ビーチ　Diamond Head

DATA
時 入場自由

ACCESS ✈
ワイキキの海岸線沿いを東西に長くのびているので、ビーチ沿いのリゾートホテルはもちろん、ワイキキ中心部からならほぼ迷うことなく徒歩で海に出られる。ホノルル国際空港から直接向かう場合は、ザ・バス19・20番に乗り、40〜50分ほどで着くクヒオ通り海側のバス停、またはカピオラニ公園前で降りれば徒歩圏内だ。

CHART
▶スケール度　★★★★☆
▶難易度　★☆☆☆☆
▶予算　$25　大人1人当たりの予算
※ビーチ用品レンタルなど利用時

ADVICE
さまざまな人が集まるビーチでは、荷物管理に十分注意したい。貴重品はなるべく持たず、所持金も最小限に抑えよう。ただし浮き輪、サーフボードなどをレンタルする場合はその代金の用意を忘れずに。また、ビーチでの飲酒・喫煙は法律で厳しく禁止されているので気をつけよう。

ビーチ周辺には自由に使えるシャワーやトイレもあるのでチェックしておこう

＋INFORMATION
あなたにぴったりなビーチはココ！
ダイヤモンド・ヘッドを一望でき大勢の旅行者で賑わう王道ビーチなら、高級ホテルが並ぶカハロア＆ウルコウ・ビーチがおすすめ。落ち着いた雰囲気ならカピオラニ公園のビーチパーク。シュノーケリングならクヒオ・ビーチやカイマナ・ビーチを選びたい。

フラやウクレレのショーなど、ビーチ沿いではイベントも多数開催している

オアフ島	ワイキキ・ビーチ
	Waikiki Beach

PLANNING

START

ビーチの楽しみ方は十人十色！

AM8:00
カラカウア通り沿いのエッグスン・シングスで朝食

まずは朝から本場のパンケーキでエネルギーチャージ。迷ったら定番のストロベリーホイップをオーダーしてみよう。

行列店なので、なるべく早めに行こう

AM 10:00
ワイキキ・ビーチで多彩なアクティビティにチャレンジ！

せっかくだからアクティビティに挑戦。レンタルショップではビーチグッズの貸し出しはもちろん、レッスンも受けられる。

複数人ならカヤックやアクアサイクルもおすすめ

PM 1:00
クイーンズ・サーフ・ビーチ沿いのベアフット・ビーチ・カフェでランチ

ビーチ沿いの遊歩道をダイヤモンド・ヘッド側へ歩けば、地元サーファーも御用達のオープンカフェに到着。プレートランチやロコモコなど、ローカルフードが揃っている。

日替わりメニューもチェック！

ボリューム満点のロイヤル・ロコモコ

PM2:30
カピオラニ公園の芝生でうとうとタイム

カフェで空腹を満たしたら休憩を兼ねて日光浴。静かで日差しが気持ちいいカピオラニ公園で、ヨガや読書など思い思いに過ごすロコに交じって、寝そべってみよう。

ヤシの木をそよがす海風が心地よい

PM3:30
ロイヤル・ハワイアン・センターでショッピングめぐり

気分転換したら少し街を散策。カラカウア通り沿いのロイヤル・ハワイアン・センターは、高級ブランドからローカルブランドまで豊富なラインナップを誇っている。

現地ですぐに使えるアイテムもいっぱい

PM5:30
ビーチから眺めるサンセットで1日を締めくくる

夕暮れ時は朝とはまったく違うロマンチックな雰囲気に。水平線に沈んでいく太陽を眺めながら、ビーチ沿いを歩いてみよう。

あらかじめ日没時間をチェックしておこう

GOAL

OTHER SPOTS

アイランド・ヴィンテージ・コーヒー
Island Vintage Coffee

100％のコナ・コーヒーをはじめ、地元産の野菜や魚介類などを使った、ヘルシーな食事も味わえる人気カフェ。

☎808-926-5662
所 2301 Kalakaua Ave. ロイヤル・ハワイアン・センターC館2階 時 6:00～23:00 休 無休 交 カラカウア通り沿い

味わい濃厚なアサイーボウル

ビーチ・バー
The Beach Bar

ホテル内にあるオーシャンフロントのカジュアルバー。バニヤン・ツリーの木陰でゆったりお酒が楽しめる。

☎808-931-8383
所 2365 Kalakaua Ave. モアナ サーフライダー ウェスティン リゾート&スパ1階 時 10:30～23:30 休 無休 交 カラカウア通り沿い

色鮮やかなトロピカルカクテル

ヴィクトリアズ・シークレット
Victoria's Secret

ショッキングピンクの店内には、セクシーでかわいらしい下着が並ぶ。おみやげにぴったりなコスメも充実。

☎808-922-6565
所 2250 Kalakaua Ave. ワイキキ・ショッピング・プラザ1階 時 10:00～23:00 休 無休 交 カラカウア通り沿い

デザインや色も多彩に揃う

P40-41_ダイヤモンド・ヘッドときらめくビル群が一望できる。**1**ハワイではネオンサインが制限されているので、やさしい光に包まれた幻想的な夜景が楽しめる。**2**ホノルル一帯がオレンジ色に染まる夕暮れ時からが狙い目。**3**丘に整備されたプウ・ウアラカア州立公園には芝生もあり、ローカルに人気のデートスポット。**4**青く輝く太平洋までよく見渡せる、昼間の眺望も見逃せない。

存在感抜群の
ダイヤモンド・
ヘッド

| オアフ島 | タンタラスの丘 Tantalus |

PARADISE VIEW
Travel Guide 7
タンタラスの丘
Tantalus

ロマンチックなサンセットと宝石をちりばめたような夜景に感動

コオラウ山脈の麓、火山の噴火で隆起した小高い丘が、まるで天然のテラスのようにホノルルの街に向かってせり出している。この丘がホノルル随一の絶景スポット、タンタラスの丘だ。特に夕暮れ時から夜にかけての眺望がすばらしく、左手には暗闇に浮かぶダイヤモンド・ヘッド、正面にはアラモアナとダウンタウンのきらめくビル群、そして右手にはホノルル国際空港の輝く滑走路の展望が広がっている。刻一刻と表情を変える幻想的な大パノラマは、感動すること間違いなしだ。

WHERE?
ホノルル北エリア、ワイキキからは北西方向にあたるコオラウ山脈の山裾に位置。プウ・ウアラカア州立公園がある丘の上は、標高約600m。

DATA
時 プウ・ウアラカア州立公園は7:00〜19:45
（9月第1月曜〜3月31日は〜18:45）
休 無休
料 無料

タンタラスの丘　Diamond Head

ACCESS
ワイキキ市街からは車で約20分。マッカリー通り（McCully St.）からワイルダー通り（Wilder Ave.）を経てマキキ通り（Makiki St.）を山側へ。マキキの坂を上ったら道なりにラウンド・トップ・ドライブ（Round Top Dr.）へと入る。ここからは道が狭く、カーブが続くので注意。ザ・バスは通っていないのでレンタカーかタクシー、ツアーを利用しよう。

ADVICE
丘の頂上にはプウ・ウアラカア州立公園があり展望台も設置されている。しかし、公園は日没後閉園となるので、夜景は公園下の道路の路肩から眺めることになる。道中は急な坂とヘアピンカーブが続き、夜は道も暗いので、タクシーやツアーを利用したほうが無難だ。

園内には約1.6kmのトレイルコースや展望台、ピクニックエリアもある

+ INFORMATION
夜景観賞はツアーが便利で安全！

タンタラスの丘やプウ・ウアラカア州立公園の周辺は、夜間を中心にスリや強盗が多発するなど治安のよくないエリア。夜景ツアー（$20〜）もディナーがセットになったものなどワイキキから多数催行されているので利用したい。日中も車上荒らしなどに注意が必要。

せっかくの夜景もアクシデントがあれば台無しに。慎重に行動を

CHART
▶ スケール度　★★★★☆
▶ 難易度　★★☆☆☆
▶ 予算　$20　大人1人当たりの予算
※夜景観賞ツアー利用時

43

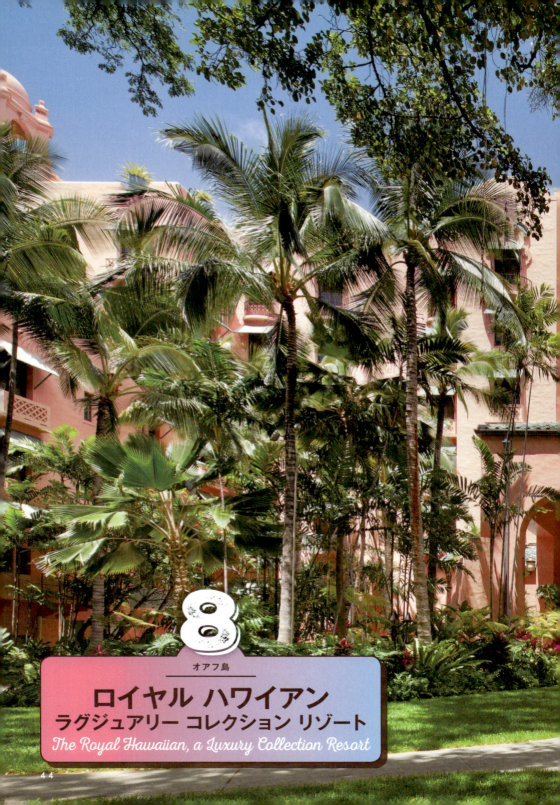

8
オアフ島

ロイヤル ハワイアン
ラグジュアリー コレクション リゾート
The Royal Hawaiian, a Luxury Collection Resort

コーラルピンクに身を包んだ
長い伝統を感じる"太平洋のピンク・パレス"

パラソルの下で海を眺めて至福のひととき

P44-45_80年以上前に開業したハワイ有数の名門ホテル。**1**地元の新鮮食材を使った朝食やランチが楽しめるビーチサイド・レストラン「サーフ ラナイ」。**2**大規模な改装を経て2009年2月にリニューアルオープン。**3**ワイキキ・ビーチがすぐ目の前という絶好のロケーション。**4**ピンクとグリーンの調和が心地よい中庭。**5**緑に覆われたプライベート空間で施術が受けられる「アバサ スパ」。

オアフ島

ロイヤル ハワイアン ラグジュアリー コレクション リゾート
The Royal Hawaiian, a Luxury Collection Resort

PARADISE VIEW Travel Guide 8

ロイヤル ハワイアン
ラグジュアリー コレクション リゾート
The Royal Hawaiian,
a Luxury Collection Resort

王族ゆかりのリゾートホテル
往時の面影を残す美しいガーデンも

1927年のオープン以来、その特徴的なたたずまいから"太平洋のピンク・パレス"として愛され続ける名門ホテル。ハワイ王朝時代の別荘跡地に立ち、周辺一帯は昔、ヘルモアと呼ばれる王家のヤシ園が広がる場所でもあった。ヤシの木が揺れる中庭のココナッツ・グローブが、その伝統を現在に受け継ぎ、多くのゲストを魅了している。客室はガーデンビューとオーシャンビューを中心とした全528室。目の前のビーチからは、迫力あるダイヤモンド・ヘッドの姿を楽しむことができる。

WHERE?
オアフ島南岸、東西3kmにわたるワイキキ・ビーチの西寄りに位置。かつて王族の遊び場や別荘地として使われた、歴史ある土地に立つ。

DATA
☎ 808-923-7311
所 2259 Kalakaua Ave.
時 in15：00、out11：00
料 ヒストリック・ルーム$790ほか

ロイヤル ハワイアン
ラグジュアリー コレクション リゾート

ACCESS ✈
ワイキキの中心部、ロイヤル・ハワイアン・センターの海側なので、ワイキキエリアはほぼ徒歩圏内。郊外などからトロリーを利用するなら、T ギャラリア ハワイ by DFSか、モアナ サーフライダー前の停留所が便利だ。ホノルル国際空港からはホテルまでスターウッド・エアポート・シャトルが運行され、所要時間は25～55分。料金は片道$15、往復$28。

CHART
▶ スケール度　★★★☆☆
▶ 難易度　　　★☆☆☆☆
▶ 予算　　　　$20　大人1人当たりの予算
　　　　　　　※立ち寄りでバーを利用した場合

ADVICE
ワイキキ有数の高級リゾートなので、できれば宿泊してのんびり滞在したいところ。しかし、レストランやショップなど、ふらりと立ち寄っても十分楽しめる。ぜひ訪れたいのはオーシャンフロントの「マイタイ・バー」。カクテル"マイタイ"を広めたバーとして知られる名店だ。

ビーチを眺めながら多彩なカクテルが楽しめる「マイタイ・バー」

+ INFORMATION
オリジナルグッズをおみやげに！

ホテル内には個性豊かなショップが集結している。TRHインスパイアードは、ホテルと同じピンク色のオリジナルグッズが揃うギフトショップ。シャツや帽子、バスグッズ、キッチン用品など、キュートさと質のよさを兼ね備えたアイテムの数々は、おみやげに最適だ。

ホテルオリジナルのテディベアもピンク色！2種類のサイズを用意

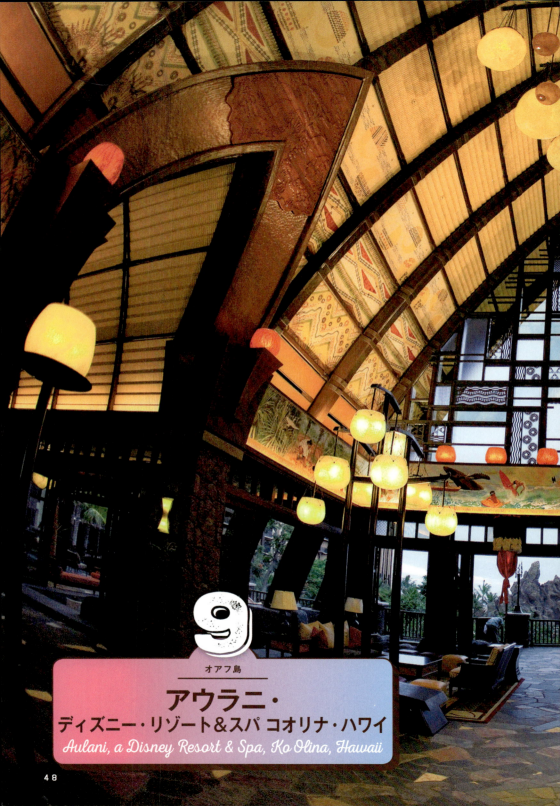

古代ハワイの由緒あるリゾートに
ディズニーの魔法がかかったら

P48-49_カヌーハウスをイメージしたロビー。**1**広大な敷地に流れるプールなどが揃う。**2**ハワイ語の勉強ができるラウンジ「オレロ・ルーム」。**3**ロビーのソファに座ると高い天井に吸い込まれそう。**4**ロビーの梁に描かれた絵画が古代ハワイの歴史を物語る。**5**ハワイアンキルトのベッドカバー。隠れミッキーを探してみよう。**6**目の前に白砂の美しいビーチが広がる。

オアフ島　アウラニ・ディズニー・リゾート＆スパ コオリナ・ハワイ
Aulani, a Disney Resort & Spa, Ko Olina, Hawaii

PARADISE VIEW Travel Guide 9

アウラニ・ディズニー・リゾート＆スパ コオリナ・ハワイ
Aulani, a Disney Resort & Spa, Ko Olina, Hawaii

ディズニーの遊び心あふれるおもてなしとハワイ文化が融合

世界で唯一の、ホテルを中心としたディズニーリゾート、アウラニ。ミッキーたちとふれあえる多彩なサービスや、ハワイ文化に親しめるフラやカヌーなど充実したアクティビティをはじめ、ディズニーとハワイの魅力が凝縮した夢の楽園だ。ハワイの伝統的な建築様式を取り入れたホテルには、いたるところにミッキーが隠れ、滞在中にそれらを探すのも楽しみのひとつ。150種類のセラピーが体験できるスパ、魚と泳ぐシュノーケリングプールなども備え、極上のステイが満喫できる。

WHERE?
オアフ島西部のコオリナに立地。かつての王族の保養地で、現在は高級リゾート地として世界中の人々に愛されているエリアだ。

アウラニ・ディズニー・リゾート＆スパ コオリナ・ハワイ

DATA
☎808-674-6200
所92-1185 Ali'inui Dr.
時in15：00、out11：00
料スタンダードビュー $429ほか

ACCESS
ホノルル国際空港から車で約40分、ワイキキから車で約45分。滞在するホテルの前で降ろしてくれる、空港待機のバン「スピーディシャトル」の利用も便利。また、滞在中はアウラニとワイキキを結ぶゲスト専用のシャトルバス（週3日アウラニ発着で運行、往復$30）を利用して、ワイキキへ日帰りショッピングも可能だ。

ADVICE
純粋なリゾートホテルのアウラニは、宿泊が必須。宿泊料金には無料で参加できる多彩な体験が含まれ、一流のエンターテイナーによるショーなど、ディズニーならではのイベントも充実。体験の合間は隠れミッキーを探したり、オールドハワイ調の客室で、のんびり過ごそう。

客室のビュータイプは海側と山側に分かれ、開放的な眺めが広がっている

+ INFORMATION
キャラクターと会える時間をチェック
キャラクター・ミート＆グリートやショーの時間は、ロビーなどでもらえるスケジュール「デイリー・イヴァ」をチェック。レストラン「マカヒキ」では、ミッキーやミニーが登場するキャラクター・ブレックファストを毎日開催。キャラクターとの記念撮影が楽しめる。

ディズニー・キャラクター・ブレックファストは$32（要予約）

CHART
▶スケール度　★★★☆☆
▶難易度　★☆☆☆☆
▶予算　$429〜　大人1人当たりの予算
※スタンダードビュー 1泊の場合

As to Disney photos, logos, properties:©Disney

ローカルとの会話を楽しんで！

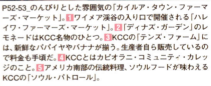

メイド・イン・ハワイが盛りだくさん！

P52-53_のんびりとした雰囲気の「カイルア・タウン・ファーマーズ・マーケット」。❶ワイメア渓谷の入り口で開催される「ハレイワ・ファーマーズ・マーケット」。❷「ディナズ・ガーデン」のレモネードはKCC名物のひとつ。❸KCCの「テンズ・ファーム」には、新鮮なパパイヤやバナナが揃う。生産者自ら販売しているので料金も手頃だ。❹KCCとはカピオラニ・コミュニティ・カレッジのこと。❺アメリカ南部の伝統料理、ソウルフードが味わえるKCCの「ソウル・パトロール」。

| オアフ島 | ファーマーズ・マーケット Farmers' Market |

PARADISE VIEW
Travel Guide

10

ファーマーズ・マーケット
Farmers' Market

ジャムやハチミツ、コーヒーも充実
生産者こだわりの逸品をおみやげに

野菜やフルーツ、花などの農産物を中心に、地元の特産品や加工品も手に入るファーマーズ・マーケット。地域の農業振興を目的にオアフ島はもちろん、ハワイのあちこちで開催されている青空市だ。島最大規模のKCCの朝市は、その場で食べられるフードも充実。早起きして朝食を楽しむのもおすすめだ。自然派志向なら、オーガニック食材が豊富なカイルア・タウンのマーケットへ。ハレイワのマーケットは、豊かな自然のなか、道の駅のようなアットホームな雰囲気が魅力だ。

WHERE?
KCCはダイヤモンド・ヘッドの登山道入り口手前、カイルア・タウンはカイルア小学校の駐車場、ハレイワはワイメア渓谷に会場がある。

DATA
KCC 開催日 土曜 ☎808-848-2074(ハワイ・ファーム・ビューロー) 所 303 Diamond Head Rd. 時 7:30～11:00

ハレイワ 開催日 木曜 所 59-864 Kamehameha Hwy. (ワイメア渓谷ピカケ・パビリオン) 時 15:00～19:00

カイルア・タウン 開催日 日曜 所 315 Kuulei Rd.(カイルア小学校) 時 8:30～12:00

ハレイワ・ファーマーズ・マーケット

カイルア・タウン・ファーマーズ・マーケット

サタデー・ファーマーズ・マーケット・アットKCC

Diamond Head

ACCESS
ワイキキからKCCへは車で約10分、ザ・バスは2・22・23番利用で約15分かかる。カイルア・タウンへは車で最短約35分。ザ・バスは56・57番を利用して1時間ほどで、マーケットはバス停から徒歩約10分。ハレイワ・ファーマーズ・マーケットのあるワイメア渓谷へは、車で約1時間。ザ・バスは52番で約2時間だ。

ADVICE
KCCを中心にファーマーズ・マーケットにはクレジットカードが利用できる店も多いので、上手に活用したい。買った商品はビニール袋に入れてもらえるが、エコバッグ片手に買い物をするのがローカル流。店主との会話も楽しみながら、ロコスタイルの買い物を満喫しよう。

ハチミツから作るコスメが揃う「ハニー・ガール・オーガニクス」

+ INFORMATION
無料のヨガ体験や音楽イベントも
ハワイアンミュージックの生ライブを聴いたり、イベントに参加したりと、買い物以外の楽しみが多いのもファーマーズ・マーケットの魅力。カイルア・タウン・ファーマーズ・マーケットでは、無料のヨガレッスンが人気だ。パンやジャムなどは、試食ができることも!

先生の指導のもと芝生の上で行われるヨガ体験は、飛び入り参加OK!

CHART
▶スケール度　★★☆☆☆
▶難易度　★☆☆☆☆
▶予算　$20　大人1人当たりの予算
※食事+おみやげ購入など

ハワイに魅せられた世界的大富豪が
生涯をかけて創り上げた理想郷

ココは外からだけ見学♪

1 P56-57_ハワイの自然と見事に調和したガーデン。奥の建物はゲスト用のプレイハウスで、2つの客室とリビングルームを備える。**1** ドリスの寝室があるプライベートホール。**2** エントランスを抜けるとバニヤンツリーがそびえる中庭にたどり着く。**3** 晩餐後の客間として造られたシリアルーム。中央に大理石の噴水をしつらえるなど贅を尽くした内装。**4** 化粧室も意匠を凝らした造り。

| オアフ島 | シャングリラ邸 Shangri La |

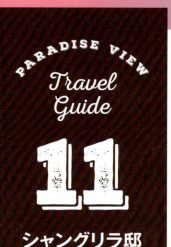

PARADISE VIEW
Travel Guide 11
シャングリラ邸
Shangri La

崇高なイスラム芸術で彩られた美術館のような豪邸

12歳のときに父の莫大な遺産を手にして億万長者となった、ニューヨーク生まれの女性、ドリス・デューク。22歳で結婚し、新婚旅行で立ち寄ったハワイに魅せられたドリスが、設計から携って築き、晩年まで何度も改装を重ねた邸宅がシャングリラ邸だ。エントランス、ロビー、中庭、リビングルームと続く豪邸に、イスラム芸術を愛した彼女が中東各地から集めた美術品や装飾品がちりばめられ、ため息が出るような豪華さ。ホノルル美術館のガイドツアーでのみ、内部を見学できる。

WHERE?
オアフ島南東部、ダイヤモンド・ヘッドの麓。ブラックポイントと呼ばれる高級住宅街に立ち、オーシャンフロントの美しい景色が望める。

DATA
☎808-532-3853 所4055 Papu. Circle
時英語ツアーは水〜土曜9:00〜、10:30〜、13:30〜、日本語ツアーは水・金曜12:00〜(ともに要予約) 休日〜火曜
料$25＋予約手数料(電話$2、メール$1.50)

シャングリラ邸 Diamond Head

ACCESS ✈
まずはガイドツアーの集合場所、ホノルル美術館へ。そこからシャングリラ邸へは送迎バスで15分ほど。ホノルル美術館はワイキキから車で約10分。トロリーならレッドラインでホノルル美術館、ザ・バスなら2番バスなどで美術館前下車、いずれもワイキキから20〜25分だ。美術館受付でツアーバッジをもらい、送迎バスに乗り込む。

CHART
▶スケール度	★★★☆☆
▶難易度	★★☆☆☆
▶予算	$26.50〜 大人1人当たりの予算 ※ガイドツアー参加料金

ADVICE
1993年のドリスの死後、2002年からホノルル美術館によるガイドツアーがスタート、一般人も見学できるようになった。2012年からは日本語ツアーも開始され、毎週水曜と金曜の12時から開催されている。1回の定員は12人のみなので、早めに予約しておこう。

ツアーの予約は2カ月前から、電話またはメールで受け付けている

＋ INFORMATION
ガイドツアー後にはホノルル美術館も見学
ツアー料金にはホノルル美術館の入館料も含まれている。2時間ほどで美術館に戻れるので、その後はハワイ最大の総合美術館を見学するのもおすすめ。ピカソやゴッホなどの名作をはじめ、絵画、彫刻、陶器など収蔵作品は多岐にわたり、見どころは満載だ。

カフェやギフトショップもあり、休憩やおみやげ探しにもぴったり

色あせた木造ショップが並ぶ風景や
ノスタルジックな街角に恋をする

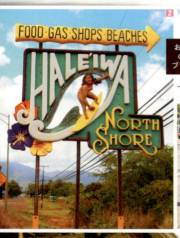

おやつ片手にのんび〜りブラブラしよう

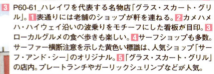

P60-61_ハレイワを代表する名物店「グラス・スカート・グリル」。**1**表通りには老舗のショップが軒を連ねる。**2**カメハメハ・ハイウェイ沿いの波乗りをモチーフにした看板が目印。**3**ローカルグルメの食べ歩きも楽しい。**4**サーフショップも多数。サーファー横断注意を示した黄色い標識は、人気ショップ「サーフ・アンド・シー」のオリジナル。**5**「グラス・スカート・グリル」の店内。プレートランチやガーリックシュリンプなどが人気。

62

| オアフ島 | ハレイワ Haleiwa |

PARADISE VIEW
Travel Guide
12
ハレイワ
Haleiwa

古きよきハワイの面影を宿すサーファー憧れの町

ハレイワは、サトウキビで栄えた時代の建物が残るオールドタウン。のどかな風景が広がる町では、シェイブアイスやフリフリチキンなどの素朴なローカルグルメが大人気だ。才能豊かな地元アーティストも多く在住し、彼らが作る雑貨やアクセサリーを並べたセレクトショップは、センスのいいオリジナルものばかり。また、海岸地域のノース・ショアは大きな波が押し寄せるサーフィンのメッカとして知られ、有名なサンセット・ビーチなど夕日の美しいビーチが多数点在する。

WHERE?
オアフ島北西部の海岸沿い、ノース・ショアの玄関口に位置する、このエリアの代表的な町。中心部を一本道が貫き、その先にビーチがある。

ハレイワ / Diamond Head

ACCESS ✈
ワイキキから車で50分ほど。H1西行き、H2を経由し、99号線（Kamehameha Hwy.）を北上。ワイキキ中心部を過ぎれば、両側に大自然が広がる一本道のドライブとなる。ザ・バスを利用する場合、アラモアナ・センター海側から52番バスで約1時間30分。本数が少ないので、帰りのバスの時刻はあらかじめチェックしておこう。

CHART
▶ スケール度　★★★☆☆
▶ 難易度　　　★☆☆☆☆
▶ 予算　　　　$20　大人1人当たりの予算
　　　　　　　　　※ローカルグルメの食べ歩き料金

ADVICE
ハレイワの町からビーチへは歩くと30分ほど。ワイキキからの移動はもちろん、ハレイワ周辺の散策を考えても車があると便利だ。ノース・ショアのビーチをめぐる場合も車が必須。ハレイワから海沿いを北上するルートは、美しいビーチが続く格好のドライブコースとして人気だ。

ホノルルで借りたレンタカーを使ってのドライブが、定番の楽しみ方

+ INFORMATION
ハワイらしいテーマパークに寄り道！

ドライブ途中に立ち寄るなら、99号線沿いのドール・プランテーションがおすすめ。ドール社のパイナップル農場を利用した入園無料のテーマパークだ。売店にはパイナップルを使ったお菓子やおみやげがずらり。アトラクションで遊びながら農園の歴史も学べる。

パイナップル畑を走る機関車や、ギネス認定の世界最大迷路などが揃う

13

オアフ島

カイルア

Kailua

ここは"天国"と呼ばれた海
スローな時間が流れるローカルタウン

ココが
天国の海の
入り口です

P64-65_"天国の海"と呼ばれるラニカイ・ビーチ。双子島のモクルア島が浮かぶ光景で知られる。**1** さらさらとしたパウダー状の白砂も美しさの秘密。**2** ラニカイ・ビーチへは町の中心地から自転車で10分ほど。**3** 住宅街の小道を抜けると、まさに天国のような光景がいきなり目の前に。**4** カイルア・ビーチ近くの「カラパワイ・マーケット」。**5** カイルアタウンの人気店「カラパワイ・カフェ＆デリ」。

| オアフ島 | カイルア Kailua |

PARADISE VIEW
Travel Guide
13
カイルア
Kailua

オアフ島随一の絶景ビーチ
町なかにはおしゃれなショップが点在

カイルアは全米ベストビーチに選ばれたラニカイ、カイルア・ビーチなどの絶景ビーチで知られる海沿いの人気タウン。さらさらの砂浜が気持ちいい海辺にはスローな時間が流れ、ゆったりとした気分で自然美が満喫できる。さらに、町の中心部には近年ハイセンスな店が続々オープン。流行に敏感な世界中のセレブや地元の女性たちの視線も集まるエリアになった。町を歩けば、ローカルアーティストによる色鮮やかなモザイクタイル・アートを、そこかしこで見ることができる。

WHERE?
オアフ島南東部の東海岸に広がるローカルタウン。コオラウ山脈をまたいで、南側のホノルルのちょうど反対側に位置している。

Diamond Head
カイルア

ACCESS ✈
ワイキキから車の場合2ルートあり、海沿いの72号 (Kalanianaole Hwy.) から行くと約50分、山林を抜ける最短ルートの61号 (Pali Hwy.) の場合は35分ほど。ザ・バスの利用なら、アラモアナ・センター海側から56番か57番バスで約1時間。ラニカイ、カイルアの各ビーチへはカイルア・ショッピングセンター前で70番バスに乗り換える。

CHART
▶スケール度	★★★☆☆
▶難易度	★½☆☆☆
▶予算	$14 大人1人当たりの予算 ※レンタサイクル3時間利用時

ADVICE
カイルア・ビーチは中心部から徒歩20分ほどだが、ラニカイ・ビーチまでは徒歩40分ほどかかる。バスでも行けるが本数が少なく、町散策も兼ねてレンタサイクルが便利。カイルア・ショッピングセンター前のバス停近くにカイルア・バイシクルがあり、日本語で対応してくれる。

町なかは徒歩で回れるが、自転車を借りればショップめぐりも効率的に楽しめる

+ INFORMATION
ショッピングは広場や通りを攻略！

町なかにはアンティークショップが集まるスクエアや、おしゃれショップが連なる通りがある。ハワイにまつわるアンティーク雑貨を集めた「アリィ・アンティークスⅡ」、地元デザイナーによるアイテムが中心の「オリーブ・ブティック」などで、お気に入りを見つけよう。

天然素材を使った「ラニカイ・バス&ボディ」の商品はおみやげに

14

オアフ島

チャイナタウン
Chinatown

中国移民によって築かれた街並みで
ハワイの中のアジアへ迷い込む

P68-69_レンガ造りの外観が街並みに溶け込む。人気アンティークショップ「ティン・カン・メールマン」もここに。**1**アジアの風情を醸す中国風の建物が並ぶ。**2**本格中華の店がずらり。**3**通りには果物や野菜を売る露店も。**4**中国雑貨や装飾品がところ狭しと並ぶ露店。**5**横浜中華街にもある天后宮。中国からアジア各地に伝わった航海安全の神を祀る。

ハワイなのに気分はすっかり中国旅行♪

| オアフ島 | チャイナタウン Chinatown |

PARADISE VIEW
Travel Guide
14
チャイナタウン
Chinatown

アジア文化が息づくレトロタウン
アートの街として新しい魅力も発信

19世紀に中国から移住してきた人々によって発展したチャイナタウン。レトロな街並みは歴史的遺産保護区に指定され、中国のみならず韓国やタイ、ベトナムなどのアジア文化が息づく、独特の魅力にあふれたエリアだ。衣類、食品、雑貨、飲食店や露店などが連なる通りは、歩くだけでも楽しい。地元の人々の台所として利用され活気に満ちた常設の市場や、毎日開かれる朝市も人気。近年は地元アーティストの作品を集めたギャラリーや、おしゃれなセレクトショップも増えている。

WHERE?
ワイキキの西側、ホノルル港の北側に位置。州行政の中心地で、オールドハワイの風情を残すダウンタウンと道を隔てて隣り合う。

チャイナタウン ／ Diamond Head

ACCESS ✈
ワイキキからはアラモアナ通り(Ala Moana Blvd.)か、サウス・ベレタニア通り(S. Beretania St.)を経由し、車で約15分。ザ・バスを使う場合、クヒオ通りの山側バス停から2番・13番バスなどで約30分。マウナケア・マーケットプレイス前のバス停で降車する。トロリーの場合、レッドラインを利用して40分ほどかかる。

CHART
▶スケール度　★★★☆☆
▶難易度　★☆☆☆☆
▶予算　$15　大人1人当たりの予算
※飲茶などのランチ料金

ADVICE
チャイナタウンは夕方になると閉めてしまう店が多い。治安もあまりよくない地域なので、散策は早めの時間帯がおすすめ。日中でも盗難や置き引きに注意して、人気の少ない通りは避けよう。交通手段も時間帯によってはタクシーを利用するか、送迎付きのツアーにすれば安心だ。

夜の街歩きは控えて、なるべく午後5時ごろまでには街を引き上げよう

+ INFORMATION
月に1度だけ夜遊びOKの金曜日
街で最も盛り上がるイベントとして定着しているのが、毎月第1金曜の「ファースト・フライデー・ギャラリー・ウォーク」。この日だけはダウンタウンとチャイナタウンのギャラリーやレストランが営業時間を延長、さまざまな催しを実施。夜歩きを楽しむ人々で賑わう。

アーティストのパフォーマンスやライブなどお楽しみがいっぱい！

どこまでも続く白いビーチにまばらな人影
美しい海をひとりじめ

沖合の島は
ラビット・アイランド

オアフ島

15 ワイマナロ・ビーチ
Waimanalo Beach

風光明媚なビーチが続く東海岸のなかでも、圧倒的な人の少なさで知られる穴場ビーチ。ラニカイ、カイルアまで続く白く長い砂浜に、穏やかな波が静かに打ち付ける。緑豊かな場所でもあり、砂浜にできる木陰や芝生エリアでのんびりしたい。

ACCESS & DATA

車はワイキキから72号線で約35分。ザ・バスは23番に乗車して約50分、終点で57番に変わるのでそのまま乗り続け約10分、Opp Ala KOA St.で下車。

時 入場自由

1 観光客は少ないが、シャワーやトイレ、駐車場はしっかり整備されている。 2 長く続くビーチの先にはラニカイ・ビーチの双子島で有名なモクルア島が見える。 3 ライフガードも常駐しているが、治安のあまりよくない場所なので、車上荒らしなどに気をつけよう。

73

透明度抜群のサンゴ礁の海で
　　　カラフルな熱帯魚と一緒にスイム

オアフ島

16 ハナウマ湾
Hanauma Bay

小高い山が
ぐるっと取り
囲んでいます

海水の透明度が高い、島屈指のシュノーケリングスポット。遠浅の海はサンゴ礁が砂浜近くまで迫っていて、潜ればすぐに色とりどりの熱帯魚たちとご対面だ。海洋保護区に指定されており、ビーチ入場前にシアターで環境保護について学ぶ。

ACCESS & DATA

ワイキキからH1東行き、72号線を使って約20分。ザ・バスは22番を利用して40分ほどかかる。シュノーケリング体験が含まれた送迎付きツアーも人気。

☎808-396-4229
時6:00～19:00、冬季～18:00
休火曜 料$7.50、12歳以下無料

❶火山の噴火口に海水が流れ込んでできた、馬の蹄のような形をした湾。❷波が穏やかな遠浅の海で子ども連れも安心。❸上から見ても海中の様子がはっきりと分かるほど透き通っている。

背後にワイメア渓谷の大自然が広がる、緑に囲まれたビーチ・パーク。注目はジャンプロックと呼ばれる高さ約8mの巨大岩石。海が穏やかでビーチで泳げる夏になると、ローカルの子どもたちが列を作って飛び込む名物ダイブスポットだ。

ACCESS & DATA

⏰入場自由

ワイキキから車で約1時間。99号線を北上してハレイワを目指し、さらに海沿いの83号線を走る。ザ・バスはアラモアナ・センターから52番で約2時間。

①美しい海をバックに、サービス精神旺盛な子どもたちがアクロバティックな技を披露してくれることも。②ちょうどよい登り口まであり、まるで狙って造ったかのよう。③夏は穏やかな波だが、冬は10m以上のビッグウェーブもやって来るハワイ有数のサーフポイントに。

青い海に向かってジャンプ！

天然の飛び込み台は
　　地元っ子が集う究極のアトラクション!?

17

オアフ島

ワイメア・ベイ・ビーチ・パーク
Waimea Bay Beach Park

18 オアフ島 ラニアケア・ビーチ
Laniakea Beach

ビーチでのんびりと甲羅干し
ハワイの守護神に会いにいく

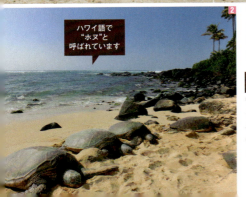

ハワイ語で"ホヌ"と呼ばれています

"タートル・ビーチ"の別名の通り、ウミガメの生息地として知られるノース・ショアのビーチ。年間を通して、陸に上がって甲羅干しするウミガメを見ることができる。ウミガメの3m以内に近づくことは禁止されているので注意。

ACCESS & DATA

ワイメア・ベイ・ビーチ・パークの少し手前に位置し、ワイキキからは車で約55分。ワイメアに入る前に立ち寄るツアーも多く、セットで回るのがおすすめ。

時 入場自由

[1] ハワイでウミガメは守り神や幸福の象徴として大切に保護されている。決して触ったり近づいたりしないようにしよう。[2] 遭遇率は午前中より午後のほうが高く、晴れた日には約70%の確率で出会えるといわれている。海に入れば一緒に泳いでくれることも。

すべてが黄金色に染まっていく
　　その名のままの幻想的なサンセット

日没時間を
チェックして
訪れよう

オアフ島

19 サンセット・ビーチ
Sunset Beach

美しい夕日スポットが続くノース・ショアで、見事その名が与えられたビーチ。3km以上にわたって続く長い砂浜は、夕暮れ時になると幻想的な黄金色に染められる。高波が押し寄せる冬はサーファーの聖地としてメジャーな大会も行われる。

ACCESS & DATA

島最北端までもうすぐの場所に位置し、ワイキキからは車で約1時間10分。83号線を北上するノース・ショアドライブの締めにふさわしいスポットだ。

時 入場自由

1 おおよその日没時刻は冬季が18時前後、夏季が19時前後。日没30分前には訪れておきたい。2 海方向にせり出して曲がったヤシの木は、このビーチのシンボルのひとつ。3 波が穏やかな夏には海水浴はもちろん、透明度の高い海でのシュノーケリングも楽しめる。

20 オアフ島 ザ・カハラ・ホテル&リゾート
The Kahala Hotel & Resort

名門ホテルの優雅な時間
きらめくシャンデリアのお出迎え

6頭のハンドウイルカが棲んでいます

閑静な高級住宅街に位置する名門ホテル。メインロビーに入るとまず目に飛び込んでくるのは、ベネチアンガラスでできた豪華なシャンデリア。客室は広々でゆったりとくつろげ、ラグーンでイルカと一緒に泳げるなどアクティビティも充実。

ACCESS & DATA

ホノルル国際空港からは車で約30分。有料の送迎サービスもある。ワイキキからは車で15分ほど。宿泊者はTギャラリアなどからのシャトルバスも利用できる。

☎808-739-8888 所5000 Kahala Ave. 時in15:00、out12:00 料シーニック$445ほか

1 イルカとふれあえるドルフィン・クエスト・プログラムも魅力。2 イタリア高級ブランドのベッドリネンを使用。3 ホテル所有のビーチやプールでごゆっくり。4 メインダイニングの「ホクズ」。

21

オアフ島

モアナ サーフライダー
ウェスティン リゾート&スパ
Moana Surfrider, A Westin Resort &Spa

メインストリートにたたずむ姿はまさに
ワイキキの白い貴婦人

ロッキング
チェアで
ゆらゆら

1901年創業のワイキキ最古の歴史を誇る老舗ホテル。コロニアル様式の重厚感ある建物は"ファーストレディ"と讃えられ、国の歴史建造物にも指定。独自のヘブンリーベッドや海を見渡すレストラン&バーなどで、贅沢な時間を味わえる。

ACCESS & DATA

中心部に立ち、ワイキキエリアは徒歩で移動可能。ホノルル国際空港からは車で約25分。ホテルまでスターウッド・エアポート・シャトルが運行されている。

☎808-922-3111 所2365 Kalakaua Ave. 時in15：00、out12：00 料バニヤンシティー $635ほか

1 白い外観とヤシの木の緑、海と空の青が見事に調和。**2** エントランスの横にあるテラス席はなかなか空かない人気ぶり。**3**「ザ・ベランダ」では伝統のアフタヌーンティーをぜひ。

83

数々の賞を獲得してきたきめ細かなサービスに、窓からの眺望を生かすためあえてシンプルにまとめた客室など、気品と格式あふれるおもてなしで旅行者を魅了。120万枚のガラスタイルをちりばめて蘭の花を描いたプールが、"天国の館"の象徴だ。

ACCESS & DATA

☎808-923-2311 所2199 Kalia Rd.
時in15:00、out12:00
料ガーデン・コートヤード$575ほか

ワイキキの少し西寄りで、トロリーの場合はピンクラインのサラトガ通りの停留所が最寄り。ホノルル国際空港からは車で約25分。有料送迎サービスもある。

1 オーシャンフロントのダイニング「ハウス ウィズアウト ア キー」では、ハワイアンミュージックとフラのステージを毎晩実施。2 プールは夕方からライトアップされ、幻想的な雰囲気に。

ステージでのライブは17時～20時30分

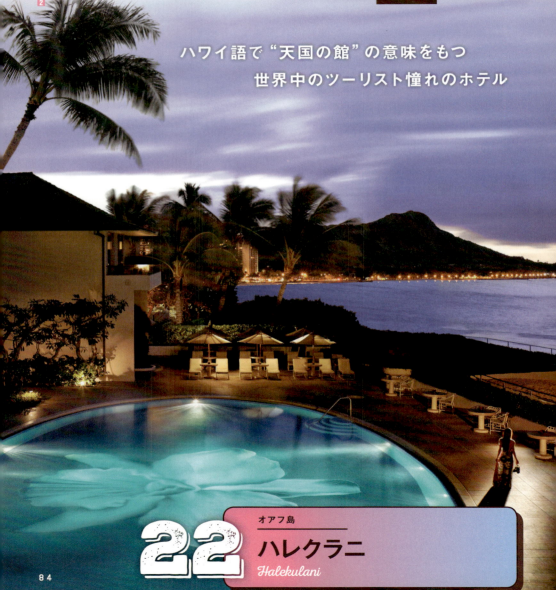

ハワイ語で"天国の館"の意味をもつ
世界中のツーリスト憧れのホテル

オアフ島

22 ハレクラニ
Halekulani

23 オアフ島
アウトリガー・ワイキキ・ビーチ・リゾート
Outrigger Waikiki Beach Resort

客室から見下ろすオーシャンビューが
楽園にいることを実感させてくれる

ダイヤモンド・ヘッドも一望できます

❷ ワイキキ・ビーチとカラカウア通りに面する絶好の立地。特に海側の客室から見下ろすプールやビーチの眺望は秀逸だ。「デュークス・ワイキキ」と「フラ・グリル・ワイキキ」はテラス席から海を見渡せ、ローカルにも人気のレストラン。

ACCESS & DATA

ワイキキの中心部でビーチからもショッピングエリアからもすぐ。トロリーやザ・バスの停留所も近くアクセス抜群だ。ホノルル国際空港からは車で約25分。

☎808-923-0711 所2335 Kalakaua Ave.
時in15：00、out12：00
料シティビュー $529ほか

❶人々が自由気ままにくつろぐプールに青いパラソルが並ぶビーチ、その先にどこまでも続く美しい海。ずっと眺めていたくなる光景だ。**❷**客室にはハワイの伝統や文化を取り入れた調度品が並ぶ。

85

熱帯植物が茂る"虹の谷"を進んでマイナスイオンを浴びに行く

オアフ島

24 マノアの滝
Manoa Falls

比較的
雨が少ない
午後がおすすめ

雨が多く、虹がよく見えることから〝虹の谷〟と呼ばれるマノア渓谷。熱帯植物が茂るジャングルに約1.3km、片道30〜40分のトレイルコースが整備され、その先に落差約50m、深い緑のなかを大迫力で流れ落ちるマノアの滝が現れる。

ACCESS & DATA

時 日の出〜日没 休 無休
料 入場無料、駐車場は$5

ワイキキから車でわずか15分ほど。ザ・バスならアラモアナ・センターまで出て、センター山側バス停から5番バスで約20分の終点下車、徒歩約10分。

1 コースの中ほどにあるバニヤンツリーのトンネルも見どころのひとつ。2 巨大なシダ植物が日差しからハイカーの身を守ってくれる。3 雨上がりは渓谷全体がより深い緑色に。4 滝壺に入ることは禁止されているので注意。

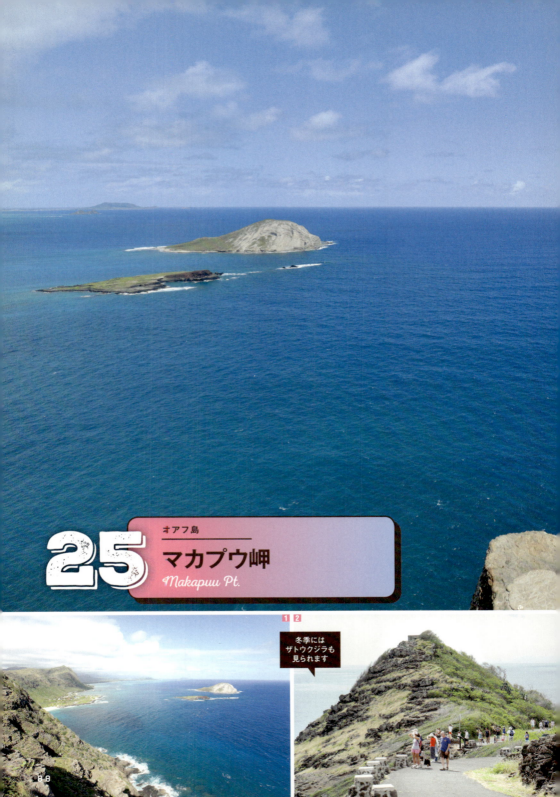

オアフ島

25 マカプウ岬
Makapuu Pt.

1 2

冬季には
ザトウクジラも
見られます

群青色の海に映える灯台の赤い屋根
　　　ローカルお気に入りのビューポイントへ

オアフ島の最東端の岬で、展望台まで片道約2km、往復1時間ほどの舗装されたハイキングコースが整備されている。展望台からは手前に1909年に建てられた小さな灯台、左手奥にはマナナ島とカオヒカイプ島の2つの小島も眺められる。

ACCESS & DATA

車の場合はワイキキからH1東行き、72号線を利用して約30分。ザ・バスならクヒオ通り海側バス停から22・23番でシーライフ・パーク下車。所要約50分。

時 入場自由(駐車場は7:00～19:45、9～3月は～18:45)

1 奥のマナナ島は島の形がウサギに見えることからラビット・アイランドとも呼ばれている。2 犬の散歩などローカルにも人気で、観光客との比率は半々ぐらい。3 中腹からはハワイ・カイ・ゴルフコースとココヘッドも見渡せる。

ラニカイ・ビーチや沖合のモクルア島、周辺の住宅街が見渡せる展望台まで、往復1時間半ほどのトレッキングコース。海岸線と並行して登るのでスタートの急な坂道を登れば、そこからは常にオーシャンビューを横目に歩ける爽快なコースだ。

ACCESS & DATA

ワイキキから車で約40分、カイルア・ビーチの駐車場に停めて歩く。ザ・バスでもカイルアから70番で、カイルア・ビーチで降車。町からレンタサイクルもいい。

🕐入場自由

1 ゴールの展望台からのパノラマビュー。ここまで一部を除いてなだらかなコースだが、舗装はされてないのでスニーカーは必須だ。**2** 全米ベストビーチでも知られるラニカイ・ビーチの透き通った海はもちろん、行き交う人や車の流れまで上から見下ろすことができる。

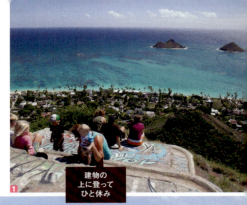

建物の上に登ってひと休み

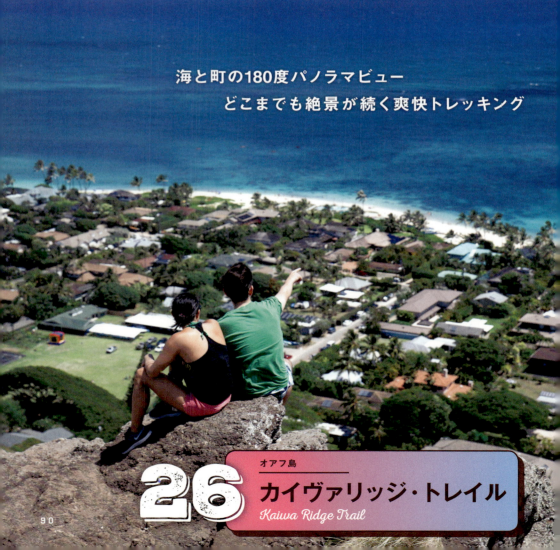

海と町の180度パノラマビュー
どこまでも絶景が続く爽快トレッキング

26

オアフ島

カイヴァリッジ・トレイル
Kaiwa Ridge Trail

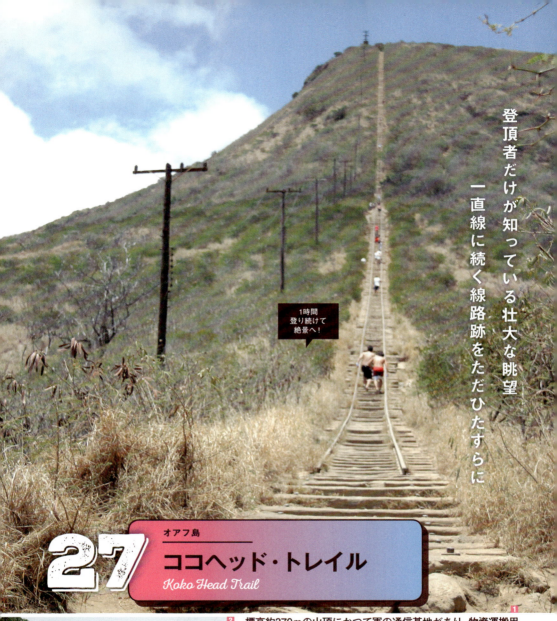

登頂者だけが知っている壮大な眺望
一直線に続く線路跡をただひたすらに

1時間登り続けて絶景へ！

27 オアフ島
ココヘッド・トレイル
Koko Head Trail

標高約370mの山頂にかつて軍の通信基地があり、物資運搬用ケーブルカーの跡がトレイルコースになっている。一直線だがかなりの急角度で、1000段以上の枕木が続く足元も悪い上級者コース。山頂には360度ぐるりと見渡せる絶景が広がる。

ACCESS & DATA

時 入場自由

ワイキキからH1東行き、72号線を経由して20分ほど。ザ・バスは22番を利用して40分弱。カラニアナオレ・ハイウェイのハナウマ湾入り口で降車する。

1 最初は緩やかだが進めば進むほど急になっていく。さえぎるものは何もないので日差しと水分補給にも注意。頂上からは眼下のハナウマ湾やハワイカイの町並みをはじめマカプウ岬、ダイヤモンド・ヘッド、ワイキキ市街まで見渡せる。
2 下りは登り以上に注意が必要。

91

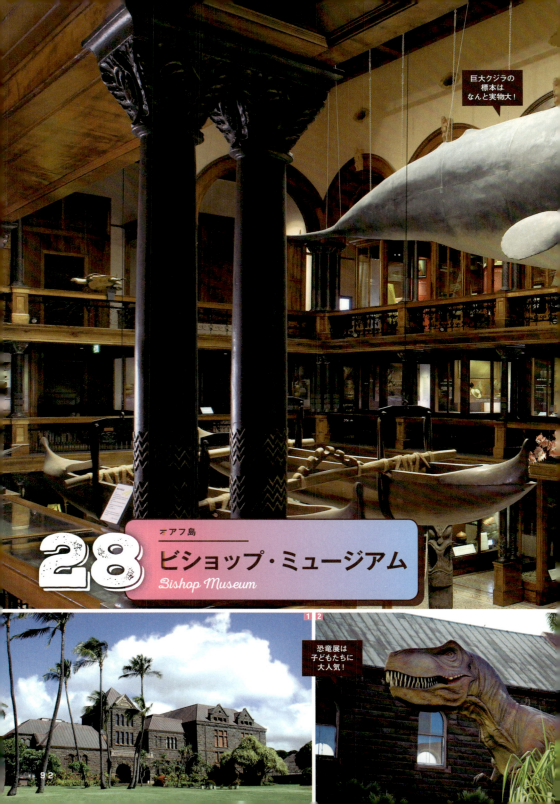

王朝から受け継がれた品々を通じて
ポリネシア文化の伝統美にふれる

1889年に設立されたハワイ州最大の博物館。古代ポリネシア人の時代やハワイ王朝時代をはじめ、太平洋地域の自然や文化に関する資料、美術工芸品など200万点以上を収蔵。大迫力のクジラの標本や、衣装やキルトなどの伝統生地も必見だ。

ACCESS & DATA

ワイキキから車で約20分。H1西行きに乗り、20B出口で降りる。ザ・バスは2番バスを利用して約45分。スクール通りとカパラマ通りの角で下車、徒歩約5分。

☎808-847-8291 所1525 Bernice St. 時9:00～17:00 休火曜 料入館料$19.95

1 カメハメハ大王の直系の末裔、B.P.ビショップの追悼のため、彼女の夫が設立した。2 恐竜展などの期間限定イベントも開催。3 古代太平洋諸島の生活文化を紹介するパシフィック・ホール。

93

王国の力を感じる豪華なパレス
アメリカでただひとつの宮殿へ

オアフ島

29 イオラニ宮殿
Iolani Palace

イオラニとは
"天国の鳥"を
意味しています

1882年にカラカウア王により建てられた宮殿で、11年後の王朝崩壊まで公邸として使用された。現在は、贅を尽くした居間や客室の様子が再現された宮殿内を見学できる。勲章や王冠、宝石などが見られる地下ギャラリー以外は、予約が必要だ。

ACCESS & DATA

☎808-522-0822 所364 S.King St. 時9:00～16:00（日本語ガイドツアー11:30～） 休日曜 料入場料$14.75、日本語ガイドツアー $21.75

ワイキキからはトロリーかザ・バスが便利。トロリーはレッドラインで30分ほど、ザ・バスは2・13番で20分ほど、どちらもハワイ州政府庁前下車すぐ。

1 当時破格の36万ドルをかけて造られた豪邸。2 ゲートには王国の紋章が備わる。3 庭園は自由に見学可。4 衛兵が見られることも。5 庭園にある戴冠式台。

ホノルル美術館の別館。現代アートを中心に1200点以上の作品を所蔵し、常設展示に加え、企画展も随時開催。丘の上にあるのでコオラウ山脈やマノア、ワイキキの街が一望でき、野外展示では自然の景観と見事に調和したアートを楽しめる。

ACCESS & DATA

☎808-526-1322 所2411 Makiki Heights Dr. 時10:00～16:00、日曜12:00～ 休月曜 料入館料$10（17歳以下無料、ホノルル美術館の同日入館料を含む）

車の場合はワイキキから15分ほど。ザ・バスの場合は13番で約25分、アラパイ・トランジットセンターで15番に乗り換えてさらに10分ほどかかる。

1 庭園にはモダンな彫刻やオブジェが配され、ダイヤモンド・ヘッドも眺められる。2 白を基調にした上品な建物は元邸宅を使用。カフェも併設されている。

ゆったりと過ごせる隠れ家的美術館

30

オアフ島

ホノルル美術館スポルディング・ハウス
The Honolulu Museum of Art Spalding House

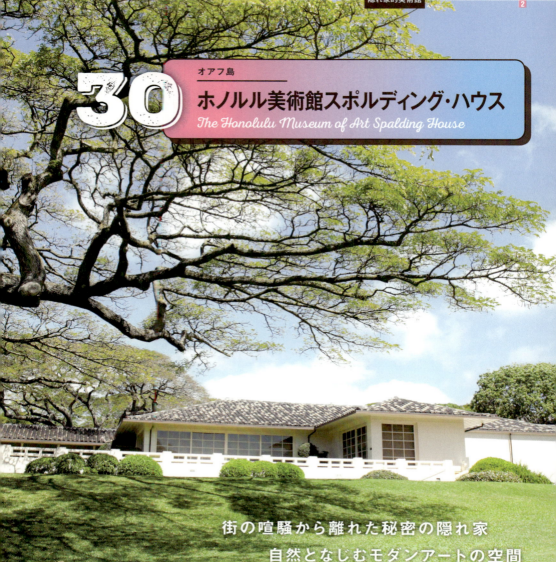

街の喧騒から離れた秘密の隠れ家
自然となじむモダンアートの空間

PARADISE VIEW

Scene of ALOHA

ヘブンリー・ハワイの
アロハな風景

見るもの
すべてが
どれも
スペシャル

PUA ［花］ P.98
HULA ［フラ］ P.104
ANUENUE ［虹］ P.108
LAAU ［木］ P.112
HOLOHOLONA ［生き物］ P.118
HOOLAULEA ［イベント］ P.122
AINA ［グルメ］ P.124

PUA [花]

PARADISE VIEW

Scene of ALOHA
ヘブンリー・ハワイのアロハな風景

31 フラワー・レイ
Flower Lei

ハワイのフラワーモチーフといえばレイ。糸を通した花を重ねて作る装飾品で、輪状のものがほとんど。昔からお守りや魔よけとされてきて、現在は祝い事の贈り物や、フラの装身具に使用されることが多い。5月1日のレイ・デーでは、レイのコンテストも開催されている。
購入▶レイ・スタンドほか

32 KCCファーマーズ・マーケットの ハイビスカス
Hibiscus of Farmers' Market at KCC

ファーマーズ・マーケット(→P.52)で売られる色とりどりの花々のなかでもひときわ目を引くハイビスカス。数多くの苗木や切り花を扱うのは、ハイビスカス専門店「ハイビスカス・レデー」だ。独自に交配を行って育てた、淡い色合いの珍しい品種が揃う。 予算▶切り花$1～

PARADISE VIEW

Scene of ALOHA
ヘブンリー・ハワイのアロハな風景

33 アロハ・シャツ
Aloha Shirt

ハワイでは男性の正装として認められているアロハ・シャツ。19世紀末ごろから20世紀の初頭にかけて、日系移民が着物を開襟シャツに作り直したのが始まり。柄にも意味があり、結婚式では「結ぶ」を意味するつる植物・マイレの柄が参列者に好まれる。 購入▶専門店、デパートほか 写真は「カハラ」

日本では極楽鳥花と呼ばれる色鮮やかな花。その名の通り、鳥のくちばしや冠を連想させる形が特徴。南アフリカ原産だが、ハワイでは街なかでもよく見かける。アロハ・シャツやムームーなどのモチーフとしても人気。
花言葉▶万能、気取った恋、未来

34 バード・オブ・パラダイス
Bird of Paradise

101

35 ブーゲンビリア
Bougainvillea

ハワイ固有種ではないが、民家の生垣や公園を彩るローカルには身近な植物。赤やピンクなどの部分は花ではなくつぼみを包むホウ。その中で小さな白い花が咲く。
花言葉▶情熱、あなたしか見えない

36 プルメリア
Plumeria

熱帯地域に広く分布し、肉厚な花びらを広げ、甘く優雅な香りを漂わせる。女性の髪飾りにも使われ、既婚者は左に、未婚者は右に挿すのが通例だ。開花時期▶5〜11月

PARADISE VIEW

Scene of ALOHA
ヘブンリー・ハワイのアロハな風景

ハワイの伝統工芸、ハワイアン・キルトの柄として、花は昔から好まれる。王族が身に着けた高貴な花、イリマなどは人気が高い。
鑑賞場所▶ビショップ・ミュージアム(→P.92)ほか

37 ハワイアン・キルト
Hawaiian Quilt

38 花モチーフ雑貨
Flower Products

南国の雰囲気を感じるフラワーモチーフ雑貨は、ハワイ滞在中のアクセサリーやおみやげに人気。ローカルデザイナーが作るピアスなどもおすすめ。 購入▶セレクトショップ、雑貨店ほか

103

HULA ［フラ］

39 マリポサ *Mariposa*

アラモアナ・センター内にあるニーマン・マーカス最上階のレストラン「マリポサ」では、地元アーティストのイボンヌ・チェン作の絵画『フラ・ブリーズ』が壁に飾られ、存在感を放つ。料理▶パシフィック・リム

40 ケイキ・フラ *Keiki Hula*

ケイキはハワイ語で子どものこと。ハワイでは、地域のフラ教室に通う子どもが多く、幼いころからフラを通じて文化や歴史を学んでいる。
鑑賞場所▶ロイヤル・ハワイアン・センターほか

PARADISE VIEW

Scene of ALOHA
ヘブンリー・ハワイのアロハな風景

41 カアナ
Kaana

伝説によるとハワイ全土にフラを広めた女神、ラカが初めてフラを踊った場所が、モロカイ島カアナの丘だという。
入場▶通常立入不可

42 ハワイアン・ジュエリー
Hawaiian Jewelry

伝統的なジュエリーのモチーフとして近年人気を集めているのが、フラガール。揺れに合わせて動く足がかわいらしい。　購入▶専門店ほか

43 楽器
Instrument

フラを踊る際に欠かせない楽器。なかでも打楽器パフ・ドラムは神聖な楽器とされ、昔はサメの皮を使っていた。
購入▶専門店ほか

44 ポストカード
Postcard

街なかでよく目にするフラガールのポストカード。部屋に貼ったり、手紙を書いたりしてみては？
購入▶アンティークショップ、雑貨店ほか。写真は「ティン・カン・メールマン(→P.70)」

45 フラ・ドール
Hula Doll

観光客に人気のフラドールは、アンティークものからコンビニで買える手ごろなものまでさまざま。購入▶アンティークショップ、雑貨店ほか。写真は「ペギーズ・ピックス」

54 モンキーポッド
Monkeypod

日本でもっとも知られているハワイの木は「この木、なんの木」のCMに登場する大樹だろう。実は同種の木は同じ敷地内にいくつもあり、5・11月にはピンクや黄色の花を咲かせる。CMの木は樹齢約130年、幅約40m。
場所▶モアナルア・ガーデンズ・パーク

PARADISE VIEW

Scene of ALOHA

ヘブンリー・ハワイのアロハな風景

55 ヤシの木
Palm Tree

ハワイにあるヤシの木は、固有種含め200種以上。有名なココヤシは、ポリネシア人が持ち込んだ外来種。食用だけでなく葉や幹を加工、活用してきた。　場所▶ワイキキ・ビーチ（→P.34）ほか。写真はモロカイ島（→P.216）のカプアイワ・ココナッツグローブ

56 ハウ・ツリー・ラナイ
Hau Tree Lanai

ニュー・オータニ・カイマナ・ビーチ・ホテル内のテラスレストラン。中心には樹齢数百年のハウ・ツリーが鎮座。幸せを呼ぶとされる木の下で優雅な時間を。 名物▶エッグ・ベネディクト

PARADISE VIEW

Scene of ALOHA

ヘブンリー・ハワイのアロハな風景

57 コア・ウッド
Koa Wood

ハワイ諸島のみに生息するアカシアの一種。古くは王族が身に着けたり、アウトリガーカヌーの素材に使われてきた。店に並ぶ美しい色と木目を生かした製品は必見。　購入▶専門店ほか

58 ウクレレ
Ukulele

弦をつま弾く指の様子や軽やかな音色のためか、名前はハワイ語で"ノミが飛び跳ねる"の意。ポルトガルから伝わった楽器がルーツで、コアやマホガニーの木材を使用。　購入▶専門店ほか

59 レインボー・ユーカリ
Rainbow Eucalyptus

外側の樹皮が少しずつ剥がれ落ちると、内側の緑の樹皮が現れる。樹皮は時間が経つにつれ、青、紫、橙、茶色に変化し、自然の虹色を作り出す。
生育場所▶ホノルル動物園ほか

60 ティキ / Tiki

古代ポリネシアの人々が神と崇めたティキ像。もとは宗教的禁忌を犯した人が逃げ込む場所だったハワイ島プウホヌア・オ・ホナウナウ国立歴史公園には、多数のティキ像がある。
入園料▶車1台につき$5

61 バニヤン・ツリー / Banyan Tree

枝から垂れ下がる気根が地面に届くと、そこから幹になる菩提樹の仲間。アメリカ最大のバニヤン・ツリーは樹齢140年以上で、マウイ島ラハイナにたたずむ。　生育場所▶カピオラニ公園ほか

PARADISE VIEW Scene of ALOHA ヘブンリー・ハワイのアロハな風景

ONA [生き物]

62 トロピカル・フィッシュ
Tropical Fish

ハワイ諸島にはサンゴとともに色鮮やかな熱帯魚が生息し、それらを観察できるシュノーケルスポットが点在している。オアフ島のハナウマ湾（→P.74）、ハワイ島のケアラケクア湾などが代表的だ。
種類▶ハワイアン・サージェントほか

PARADISE VIEW Scene of ALOHA ヘブンリー・ハワイのアロハな風景

63 ネネ
Nene

古代ハワイから生息するカモ科の鳥で、ハワイ州の州鳥。その数は年々減少し絶滅危惧種に認定されたが、保護政策の結果、現在は1000羽以上に増えている。 生息場所▶溶岩地帯、渓谷周辺ほか

毎年12〜5月に繁殖期を迎え、北太平洋からやってくるザトウクジラ。船上ツアーなら、その姿を至近距離で見られる。 催行▶パシフィック・ホエール・ファンデーション（マウイ島）ほか

64 クジラ
Whale

PARADISE VIEW

Scene of ALOHA

ヘブンリー・ハワイのアロハな風景

65 ハワイアン・モンク・シール
Hawaiian Monk Seal

ハワイ固有のアザラシ。絶滅危惧種だが、野生と出会えるビーチがあるほか、ワイキキ水族館でも気軽に見られる。
生息地▶カエナ・ポイント、ポイプ・ビーチ(→P.198)ほか

HOOLAUL

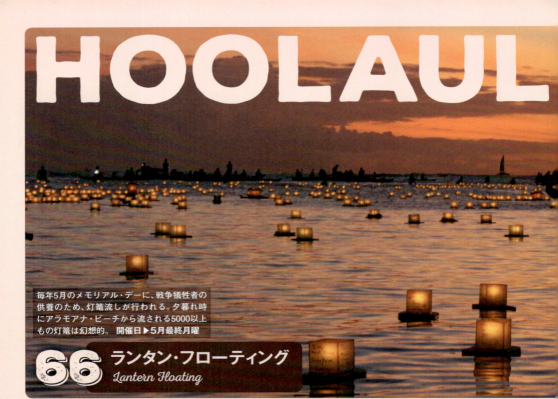

毎年5月のメモリアル・デーに、戦争犠牲者の供養のため、灯篭流しが行われる。夕暮れ時にアラモアナ・ビーチから流される5000以上もの灯篭は幻想的。 開催日▶5月最終月曜

66 ランタン・フローティング
Lantern Floating

ヒルトン・ハワイアン・ビレッジ・ワイキキ・ビーチ・リゾートのそばから打ち上げられる花火のショー「ロッキン・ハワイアン・レインボー・レビュー」。有料でヒルトンのプールサイド席から眺めることもできる。 開催日▶毎週金曜

67 花火
Fireworks

EA [イベント]

PARADISE VIEW

Scene of ALOHA

ヘブンリー・ハワイのアロハな風景

68 トリプル・クラウン
Triple Crown

国内外から集うトップサーファーがノース・ショアの海を舞台に技を競う大会。
開催日▶11月中旬〜12月中旬の波のよい日のみ

69 JALホノルルマラソン
Jal Honolulu Marathon

毎年3万人以上のランナーが参加するフルマラソンの大会。温暖な気候の中、美景を堪能しながら走れるのが魅力。時間制限がないため、初心者でも安心。 開催日▶12月第2日曜

123

AINA [グルメ]

70 パンケーキ
Pancake

ロコの朝食といえばパンケーキ。各店にこだわりがあり、生地の食感やソース、トッピングなどはさまざま。カパフルにある有名店「カフェ・カイラ」のパンケーキは、フルーツの甘酸っぱさとメープルシロップの甘さが好相性。
予算▶$17～

71 アサイー・ボウル
Açai Bowl

ブラジル原産の高栄養価フルーツ、アサイーを使ったメニュー。アサイーをシャーベット状にし、フルーツやグラノーラをのせたもので、この5年ほどですっかり定着。ワイキキ「ル・ジャルダン」の品はフルーツ満載！ 予算▶$11～

PARADISE VIEW

Scene of ALOHA

ヘブンリー・ハワイのアロハな風景

72 ハンバーガー
Hamburger

ハワイにはファストフードの域を超えた地元野菜や高級肉などにこだわるグルメバーガー店が多数。「テディーズ・ビガー・バーガーズ」は、注文後に焼くビッグなジューシーパティに、パンチのある濃厚ソースがかかったバーガーが自慢だ。
予算▶$10〜

Scene of ALOHA

ヘブンリー・ハワイのアロハな風景

PARADISE VIEW

ポルトガルから伝わった揚げパン風ふんわりスイーツ。「レナーズ」のマラサダは、砂糖やシナモンをかけたフィリングなしのものと、クリームなどのフィリング入りのものがある。
予算▶$1〜

73 マラサダ
Malasada

潮風を受けながら楽しみたいカラフルなカクテル。イチゴソースで溶岩を表したラバ・フロー（手前）や、澄んだ色のブルー・ハワイ（奥）はこの地ならではの一杯。予算▶$10〜

74 ハワイアン・カクテル
Hawaiian Cocktail

75 カップケーキ
Cupcake

全米のカップケーキ人気は、ハワイでも健在。日本未上陸の「ホクラニ・ベイク・ショップ」は、カップケーキ選手権で優勝した実力派。ふわふわ食感を楽しもう。
予算▶$3〜

127

Scene of ALOHA

ヘブンリー・ハワイの
アロハな風景

ハワイ島
HAWAII

76 キラウエア火山 P.130
77 マウナ・ケア P.136
78 ワイピオ渓谷 P.142
79 ヒロ P.146
80 ホノカア P.150
81 チェーン・オブ・クレーターズ・ロード P.154
82 ハイウェイ19 P.155
83 コハラ・マウンテン・ロード P.156
84 サドル・ロード P.157
85 グリーンサンド・ビーチ P.158
86 プナルウ ブラックサンド・ビーチ P.160
87 ホロホロカイ・ビーチ P.162

76

―― ハワイ島 ――
キラウエア火山
Kilauea

あふれ出る地球のエネルギーが
闇に包まれた荒野を赤く染める

ハレマウマウ火口は直径約900m！

グツグツとマグマの音が聞こえてきそう

キラウエア火山
Kilauea

2

P130-131_マグマの反射で赤く染まった噴煙が幻想的な夕闇のハレマウマウ火口。**1**空から見れば、まず楕円状にキラウエア・カルデラがくぼんでいて、さらにその内側にハレマウマウ火口がある地形がよく分かる。**2**夜の真っ赤な溶岩流はなかなかお目にかかれないが、運がよければトワイライトツアーなどで出会えることも。**3**キラウエア・イキ火口は展望台から見下ろすほか、下に降りてのトレッキングも可能だ。**4**ヘリコプターツアーならマグマがのぞく火口も観察できる。**5**溶岩が海に流れ込む光景を船上から眺めるボートツアーも人気。

133

PARADISE VIEW Travel Guide

76 キラウエア火山 *Kilauea*

世界遺産

ダイナミックな活動が続く火山で大地がもたらすパワーを体感

キラウエアは現在も活発な活動を続ける標高1247mの火山。一帯はハワイ火山国立公園として1987年に世界自然遺産に登録されている。山頂付近には直径約4.5km、深さ約130mの巨大なキラウエア・カルデラがあり、火の女神ペレが住む伝説をもつハレマウマウ火口をはじめ、カルデラ内にはいくつもの火口が点在。噴煙を上げる火口を眺める展望台や溶岩トンネルのほか、空から火口や溶岩流を観察できるツアーなどでも、火山活動を体感できる。

キラウエア火山 [ハワイ島]

WHERE?
ハワイ島南東部、マウナ・ロア山頂から海岸まで続く広大なハワイ火山国立公園内にあり、同公園の中心的役割を担っている。

DATA
☎808-985-6000(ハワイ火山国立公園)
時 入場自由
料 車1台につき$10、徒歩・バイク・自転車各$5

ACCESS
ホノルル国際空港から就航するハワイ島の2空港のうち、キラウエア方面へはヒロ国際空港のほうが便利。車で11号線(Mamalahoa Hwy.)を南東方向へ進めば、45分ほどで到着する。空港でレンタカーを借りて向かおう。コナ国際空港からはヒロ経由で約2時間15分。また、各空港やホテルなどからの送迎付きツアーも多く用意されている。

CHART
▶スケール度 ★★★★★
▶難易度 ★★★☆☆
▶予算 $25 大人1人当たりの予算
※車での入園料＋買い物など

ADVICE
公園内は溶岩流や火山ガスの発生状況に伴い、立ち入り禁止区域が変動する。最新の火山活動情報を確認してから訪れよう。また、服装は動きやすい山登りの格好でトレッキングシューズも用意するのがおすすめ。天候の変化などに備え、上着や雨具、懐中電灯もあると安心だ。

立ち入り禁止区域は公式サイトや、園内で配られるパンフレットでも確認できる

+ INFORMATION

見どころを網羅したヘリコプターツアー

初めて訪れる人は火山の魅力を余さず味わえるツアーへの参加がおすすめ。なかでも$400〜のヘリコプターツアーでは、ハワイ島の全景から火山全体の様子、岩肌を流れる溶岩まで眺めることができる。ツアーは各会社により詳細が異なるので問い合わせを。

陸路がなく、ヘリコプターでしか行けない場所にも連れて行ってくれる

| ハワイ島 | キラウエア火山 *Kilauea* |

PLANNING

火山をメインに
2つの町にも
立ち寄ります

START

AM8:30
空港に着いたらヒロの町で
必要アイテムやおやつを調達

ヒロ国際空港は町の中心地に近く、車で5〜10分ほどでアクセスできる。ドライブ中のおやつや雨具など、必要なものはここで調達しておこう。

クッキーストア「ビッグ・アイランド・キャンディーズ」は空港から西へ車で5分

AM 10:15
ダイナミックな景色が広がる
ハワイ火山国立公園に到着

まず公園入り口からすぐのキラウエア・ビジター・センターへ。火山の最新情報が分かる映像を放映し、ハイキングコースの地図もあるので、散策を始める前にここで準備を整えよう。

火山に関する本や雑貨なども販売している

博物館の横にも
展望台が
あります！

AM 10:45
キラウエア展望台から
巨大な火口を見渡す

キラウエア・カルデラやハレマウマウ火口を展望台から観察。白い煙が噴き上がる様子を目前にすれば、火山が今も活動していることを体感できる。

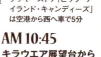
延々と黒い溶岩が続く地平線まで見渡せる

AM 11:00
火山にまつわる資料を展示する
博物館をじっくり見学

ハレマウマウ火口にさらに近づけば、トーマス・ジャガー博物館が現れる。火山の成り立ちやペレの神話を分かりやすく絵にしたパネルや、珍しい溶岩などを展示している。

ペレの髪の毛の展示や噴火の映像などが見られる

PM1:00
熱帯植物に囲まれた道の先に
溶岩トンネルが出現

約500年前に溶岩流が冷え固まってできたサーストン溶岩トンネル。トンネル前後は散策路が整備され、熱帯植物のなかを20分ほどのハイキングができる。

入り口近くの展望台でも、熱帯植物が鬱蒼と茂る様子が見渡せる

PM1:30
南海岸をドライブして
カイルア・コナの町へ！

11号線に戻って南海岸へ。途中、プナルウ ブラックサンド・ビーチなどで休憩をとろう。2時間30分ほどのドライブで港町、カイルア・コナに到着する。

町には伝統工芸やコア・ウッドなど、ハワイ島産のアイテムを扱うショップが集結

PM5:00
コナのサンセットを眺めて
この島のすばらしさを改めて実感

ハワイ諸島全体でもひときわ美しいといわれる、カイルア・コナのサンセット。歴史的建造物が点在するノスタルジックな雰囲気が夕日とあいまって、さらに情緒あふれる景観に。

メインストリートのアリイ通りには、夕日スポットが点在している

GOAL

OTHER SPOTS

スチーム・ベント
Steam Vents

地面に染み込んだ雨水が溶岩で熱せられ、水蒸気となって地上へ噴出している。噴気孔はのぞくこともできる。

🚗キラウエア・ビジター・センターから車で3分

雨が降ると水蒸気が増す

キラウエア・イキ火口
Kilauea Iki Crater

「Iki」とはハワイ語で"小さい"という意味。クレーターの内部を歩くことができる6.4kmのトレイルコースが人気。

🚗キラウエア・ビジター・センターから車で5分

コースの所要時間は約3時間

アイランド・ラバ・ジャバ
Island Lava Java

地元名産の100%コナ・コーヒーが自家焙煎で味わえる。目の前は海のテラス席で、夕日を見ながらの一杯は格別。

☎808-327-2161 所Alii Dr. Kailua-Kona 時6:30〜21:30 休無休 交アリイ通り沿い

ラテ・アートもお手のもの

135

ハワイで一番空に近い場所で
宝石のように輝く星に包まれる

絶えず変化する空はまばたきも惜しいほど！

2 P136-137_山頂ではちょっとした星の動きまで肉眼で追えるほど、鮮明に星を観測できる。1 雲海が朝日に照らされ、刻一刻と色を変えていく様は神秘に満ちている。2 太陽が沈んでから5分間のみ、反対の東の空に現れるブルーとピンクのグラデーション。ピンクの部分はヴィーナス・ベルトとも呼ばれる。3 山頂に立つ天文台群のひとつ、イギリス赤外線望遠鏡。周辺には日本が誇るすばる望遠鏡も。4 山を覆う真っ白な雪景色は、雪の女神ポリアフが運と行いのよい人だけに見せてくれるという言い伝えも残る。

マウナ・ケア
Mauna Kea

ハワイ最高峰から見る朝日は圧巻!

PARADISE VIEW
Travel Guide
77
マウナ・ケア
Mauna Kea

雲海を越えて訪れる天空の世界には宇宙と地球の神秘が詰まっている

ハワイ諸島のなかで最も高い、標高4205mの山。気象条件がよく天体観測に適した場所として、山頂には世界11カ国の天文台が設置されている。恵まれた環境で眺める満天の空はもちろんのこと、眼下に広がる雲海が太陽に照らされる朝日や夕日も壮大なスケール。また、ハワイ語で"白い山"を意味する「マウナ・ケア」の名の通り、常夏のハワイながら冬になると冠雪することも。太陽、星空、四季と、宇宙そして地球の神秘を十二分に感じることができる。

マウナ・ケア
[ハワイ島]

WHERE?
島の中央北寄りに位置するハワイの最高峰。古くから雪の女神が住む聖地として崇められてきた。山頂へはサドル・ロードから入る。

ADVICE
山頂まで車移動とはいえ、かなりの高低差なので気温の差が大きく、氷点下に達する場合も。脱ぎ着できる動きやすい服装と靴で挑みたい。乾燥対策にリップ・ハンドクリームや水の用意を。酸素も薄く、一気に登ると高山病の恐れがあるので、休憩を入れながらゆっくり登る。

標高4000m超えの山頂は別世界。ツアーなら防寒具も用意してくれる

ACCESS ✈
山頂へは4WDであれば個人の車でもアクセスできるが、道が険しく、レンタカー会社の規定で走行不可のエリアもあるため、ホテルからの送迎付きツアーに参加するのが一般的。ただし送迎エリアがカイルア・コナ地区、コハラ地区のみと限定されているツアーもあるので、ヒロ滞在の場合は注意。ツアーを申し込む際に必ず確認しよう。

＋ INFORMATION
ツアー時間を考慮して計画的な1日を
各社のツアーは夕日&星空観測と、星空&朝日観測の2種が主流。どちらも所要時間は8〜9時間ほどで、前者は昼過ぎ、後者は真夜中に出発する。1日じっくり観光したいなら夕日&星空、時間を有効活用したいなら星空&朝日への参加がおすすめだ。

世界最大級の反射望遠鏡、すばる望遠鏡のドーム内見学ツアーも人気

CHART
▶ スケール度　★★★★★
▶ 難易度　★★★★☆
▶ 予算　$170〜　大人1人当たりの予算
※星空&朝日観測ツアー利用時

| ハワイ島 | マウナ・ケア *Mauna Kea* |

PLANNING

> 夜から星空&朝日観測のツアーに参加!

START

AM 11:00 — マウンテン・サンダー・コーヒーで本場のコナ・コーヒーを味わう

コナ・コーストー帯にあるコナ・コーヒー農園を見学。マウンテン・サンダー・コーヒーでは、予約不要、無料で参加できる日本語ツアーも開催されている。

見学は月〜金曜の10、11、12時〜

PM 4:00 — カウボーイの町、ワイメアをのんびりドライブ

広大な牧草地が広がるエリアをドライブ。周辺にはカウボーイ・グッズを扱うユニークな店もある。

牛が放牧されているのどかな風景が続く

AM 3:30 — 山頂を目指す前に休憩して体を慣らそう

標高に慣れるため、山頂に着く前に休憩を兼ねて立ち寄るオニヅカ・ビジター・センター。施設内には天文台の資料の展示や売店があるが、9:00〜22:00の営業なので、この時間はトイレ利用のみ。

日中はホットドリンクやおみやげも販売

AM 6:00 — 山頂に到着!あたりが次第に明るくなっていく

山頂へ着く時間帯になると、雲海からうっすらと明るくなっていき、次々と各国の天文台の姿が確認できるように。

徐々にオレンジ色に染まっていく天文台群

AM 12:30 — コハラ・コーストを通って高級リゾートエリアでショッピング

ワイコロアにあるキングス・ビレッジ、クイーンズ・マーケットプレイスの2大ショッピングセンターで買い物を満喫。

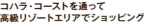

クイーンズ・マーケットプレイス(左)と、キングス・ビレッジ(右)

AM 1:30 — 迎えにきた車に乗り込んでマウナ・ケアツアーへ出発!

ハワイ島観光を十分楽しんだらホテルに戻って、ツアーの車が迎えに来るまで仮眠をとるなど、体調も含め準備万端にしておこう。登山前の飲酒を禁止しているツアーもあるので注意

AM 4:00 — オニヅカ・ビジター・センター前の駐車場から星空観測がスタート

実は山頂ではなく、山の中腹にあたるオニヅカ・ビジター・センターあたりが星空観測のベストポイント。ツアーならレーザーポインターでガイドの解説を聞きながら星が眺められる。

プラネタリウムのような無数の星が広がる

AM 6:30 — ご来光を体いっぱいに浴びてパワーをいただこう

澄みきった空を眺めていると、雲海から静かに顔を出してくる太陽。マウナ・ロアや遠くマウイ島のハレアカラも望める。

太陽が現れる瞬間はなんとも神々しく、感動的

GOAL

> 一般的なカメラでもきれいに撮影できます!

AROUND SPOTS

ハワイアン・スタイル・カフェ
Hawaiian Style Café

いつも地元の人で賑わう朝食メニューが人気の店。パンケーキや、ロコモコ、オムレツはどれもボリューム満点だ。

☎808-885-4295
所65-1290 Kawaihae Rd. 時7:00〜13:30、日曜〜12:00
休祝日 交カイルア・コナから車で北東へ1時間

直径約30cmの巨大パンケーキ

メリマンズ
Merriman's Restaurant

パシフィック・キュイジーヌ界の巨匠、メリマン氏のレストラン。ワイメア産の野菜を使った繊細な料理が評判。

☎808-885-6822
所65-1227 Opelo Rd. 時11:30〜13:30、17:30〜21:00、土・日曜10:00〜13:00
休無休 交ワイメア・オペロプラザ内

近海の魚を使ったメニューも

ハマクア・マカダミアナッツ・カンパニー
Hamakua Macadamia Nut Company

マカダミアナッツの栽培から生産、加工まですべてを行う工場併設のショップ。店内で試食もできる。

☎808-882-1690
所61-3251 Maluokalani St. 時9:00〜17:30
休無休 交カイルア・コナから車で北へ1時間

おみやげに最適なセットも用意

78

― ハワイ島 ―

ワイピオ渓谷
Waipio Valley

"王家の谷"と呼ばれた聖なる渓谷
緑と水に恵まれた神秘的な谷底をめぐる

1 P142-143_展望台からの眺め。最大600mにおよぶ断崖に囲まれているこの渓谷は、王族たちのマナ（霊力）によって守られていると信じられている。1 緑にあふれた渓谷は、まさに植物の楽園。2 谷へ入ると目に飛び込んでくる落差約440mのヒイラヴェ滝。3 馬車に揺られ渓谷の散策へ。ツアーによってはワイピオの歴史や植物についての解説も聞ける。4 ワイピオとは"曲がりくねる水"という意味。渓谷内には無数の川が流れ、豊富な水を生かしてタロイモの栽培が行われている。

ロバと馬をかけあわせたミュールが牽引

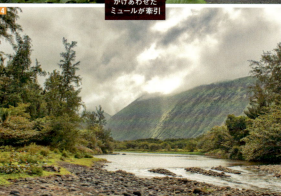

| ハワイ島 | ワイピオ渓谷 Waipio Valley |

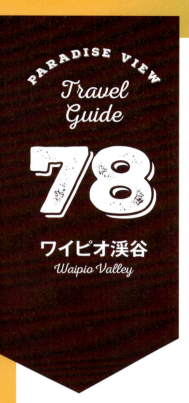

PARADISE VIEW
Travel Guide
78
ワイピオ渓谷
Waipio Valley

迫力満点の断崖絶壁を望む展望台から異世界が広がる谷底へ

海に向かって切り立つ断崖に囲まれ、幅1.6km、奥行き8kmの規模を誇る渓谷。カメハメハ大王が幼少期を過ごすなど、かつて王族たちが暮らし政治や宗教の重要な拠点であった聖なる土地だ。展望台からは、迫力ある断崖絶壁や海岸線、緑にあふれた谷底を見下ろせる。さらに、急な坂道を下り谷底へ入ると、上から見たダイナミックな風景が一転。生い茂る植物や蛇行する小川、流れ落ちる滝の数々と、別世界に迷い込んだような神秘的な光景が広がっている。

WHERE?
島北部に横たわるコハラ山地の北海岸に位置。コハラ山地の谷のなかで、最も大きな渓谷だ。ククイハエレという集落の奥に展望台がある。

ワイピオ渓谷
[ハワイ島]

DATA
時 展望台は入場自由

ADVICE
谷底は私有地が多く、現在も50人ほどのタロイモ農家や漁師が生活をしている。散策の際は、マナーを守って行動しよう。谷底へは徒歩で降りることもできるが、かなりの急勾配なのでおすすめできない。レンタカーの保険も適用されないので、ツアーへの参加がベターだ。

渓谷を一望するワイピオ渓谷展望台までは比較的楽に訪れられる

ACCESS
ホノルル国際空港からコナまたはヒロ国際空港を利用。コナ国際空港から車で約1時間20分、ヒロ国際空港から車で約1時間15分。19号線（Mamalahoa Hwy.）から240号線へ入り、ホノカアの町を過ぎて突き当たりがワイピオ渓谷展望台だ。展望台まではレンタカーで行けるが、車で谷底へ降りるには自分で4WDを運転するか、ツアーへの参加が必要だ。

+ INFORMATION
谷底散策はワゴンツアーがおすすめ
4WDのバンに乗車して谷底まで降り、そこからミュールの引く馬車に乗り換えるワゴンツアー。美しい滝や野生の馬、そして渓谷の自然に寄り添った住民の暮らしなど、谷底ならではの光景に出会える。ツアーは現地出発のほか、主要ホテルからの送迎付きもある。

HP www.waipiovalleywagontours.com/japanese 日本語不可 予約要

CHART
▶スケール度	★★★★☆
▶難易度	★★★☆☆
▶予算	$60 大人1人当たりの予算 ※ワイピオ渓谷ワゴンツアー利用時

79

ハワイ島

ヒロ
Hilo

スローな時間が流れる
古い町並みが残るダウンタウンへ

147

水辺が織りなす
美景が続く
ロコの憩いの場

2 P146-147_懐かしい町並みが残るダウンタウン。奥に続くのはかつて日系人の繁華街として栄えたハイリ通り。**1**ヒロ中心部にあるワイロア・リバー州立公園。**2**1919年に建てられた聖ヨセフ教会。**3**設置された新聞の自動販売機もかわいい。**4**西の中心地、カイルア・コナの華やかさとは対照的に、のんびりとした雰囲気が魅力。**5**サンセットも美しい。

148

ハワイ島	ヒロ
	Hilo

PARADISE VIEW
Travel Guide
79
ヒロ
Hilo

ホノルルに次ぐハワイ第2の都市
日系移民が築き上げた人口4万人の町

ホノルルに次ぐ都市であるヒロは、ハワイ島の行政と経済の中心地。19世紀には多くの日系人がこの地に入り、サトウキビ栽培に従事。彼らが中心となって発展の礎を築いた町でもあり、日本庭園が残るリリウオカラニ公園などからもその歴史がうかがえる。また、築100年を超える建物を今も大切に保存。特にワイルク川南側のダウンタウン周辺には、ノスタルジックな建物を利用したショップやレストランが集まり、昔にタイムスリップした気分で散策できる。

ヒロ[ハワイ島]

WHERE?
ホノルルの南東350km、ハワイ島東海岸のヒロ湾に面した町。キラウエア火山まで車で約40分と、ボルケーノ観光の拠点としても便利。

ACCESS
ホノルル国際空港からは、ヒロ国際空港への国内線を利用する。2014年12月現在、ハワイアン航空が就航しており、およそ50分。空港から主要ホテルがあるヒロの中心地、バニヤン・ドライブ（Banyan Dr.）へは車で約10分。タクシーの場合は$10前後で着く。また、コナ国際空港から車で行く場合は、サドル・ロードで1時間35分ほどかかる。

CHART
▶スケール度	★★★☆☆
▶難易度	★★⯨☆☆
▶予算	$150　大人1人当たりの予算 ※カジュアルホテル1泊の相場

ADVICE
オアフ島発着のハワイ島ツアーの場合、ヒロの町やキラウエア火山などをめぐる日帰りツアーも多い。しかしハワイ島を十分に堪能するなら、ヒロで1泊して観光の拠点にするのもおすすめ。ヒロ空港でレンタカーを借りてコナ空港で乗り捨てれば、2日間で島をたっぷり堪能できる。

ヒロ湾の幻想的な朝焼けが見られるのも、1泊するからこその特権だ

+ INFORMATION
島有数のパワースポット！2つの滝をめぐる

降水量の多いヒロ周辺には美しい滝が点在している。ヒロから車で約10分のレインボー・フォールズは、虹がよくかかることで有名。落差約130mのアカカ・フォールズはヒロから北に18kmの距離にある島最大の滝だ。表情の異なる2つの滝に癒やされよう。

レインボー・フォールズは晴れた日の午前中が虹の発生率が高い

名作『ホノカアボーイ』の舞台には
昔の面影を残すかわいい建物があちこちに

おしゃべり好きオーナーのグレースさん

P150-151_80年以上現役の町のシンボル「ホノカア・ピープルズ・シアター」。**1**ハワイアンヴィンテージの食器や家具が揃う「ホノカア・トレーディング・カンパニー」。映画撮影時には撮影用に食器などを提供した。**2**19号線沿いには旅行者を歓迎する看板も。**3**「ホノカア・トレーディング・カンパニー」のオーナー。手元には自らも映画に出演した「ホノカアボーイ」の小説が。**4**ショップやレストランが並ぶメインストリートのママネ通り。**5**地元住人が集まる金融機関も温かみのある外観だ。

| ハワイ島 | ホノカア Honokaa |

PARADISE VIEW
Travel Guide
80
ホノカア
Honokaa

作中の情景そのままの素朴な温かさにあふれた町

吉田玲雄氏の紀行エッセイ、そしてそれを原作とした2009年公開の映画『ホノカアボーイ』の舞台として知られる田舎町。かつてはサトウキビやマカダミアナッツ産業で栄え、多くの人で賑わいを見せたが、現在は2200人ほどの住民がのんびりと暮らしている。300mほどのメイン通りには、映画の舞台となったシアターを中心に、役所や図書館、アンティークショップなど、レトロでかわいらしい建物が並ぶ。映画にも描かれた、どこか懐かしく温かい雰囲気に身を委ねたい。

ホノカア［ハワイ島］

WHERE?
ハワイ島北部、ハマクアコーストに位置。西にはワイピオ渓谷、南にはハマクア・フォレスト・リザーブと、自然にも恵まれた環境だ。

ACCESS ✈
ホノルル国際空港から国内線でコナ国際空港またはヒロ国際空港へ。コナ国際空港からは約80km、車で1時間5分ほど。19号線（Mamalahoa Hwy.）を利用する。ヒロ国際空港からは約70km、車で1時間ほど。19号線を北上する。19号線からワイピオ渓谷方面に向かう240号線に入れば、こぢんまりとしたホノカアの町だ。

CHART
▶スケール度　★★✬☆☆
▶難易度　　　★★★☆☆
▶予算　　　　$5　大人1人当たりの予算
※シアター内カフェでドリンク1杯

ADVICE
『ホノカアボーイ』の主人公・レオが映写技師として働き始めた「ホノカア・ピープルズ・シアター」は、町のランドマーク的な存在。1930年に劇場として建てられ、今も地元の人々から愛される現役の映画館だ。館内には雰囲気のいいカフェもあるので、立ち寄ってみよう。

カフェでは映画のロケ中の写真や昔の映写機も展示している

+ INFORMATION
ホノカア名物のマラサダは必食！
19号線沿い、ホノカアの入り口付近に立つ「テックス・ドライブイン」は、観光客もローカルも集う人気店。名物は四角い形をした揚げパンのマラサダ。もっちっとした食感と控えめな甘さが特徴で、プレーンやチョコ、グアバなどが揃う。できたてをぜひ。

ドライブのお供にぴったり。ハンバーガーやプレートランチもある

153

キラウエアから海岸線まで一気に下る約32kmのドライブウェイ。見渡す限りの溶岩台地の先に太平洋が広がる絶景が続く。もともとは島東南部の町まで結ばれていたが、1980年代の噴火で溶岩に飲み込まれ、途中で行き止まりになっている。

1 溶岩は岩板が薄い箇所もあるので注意!

ACCESS & DATA

ホノルル国際空港からキラウエアへはヒロ国際空港の利用が近く、11号線を南下して45分ほど。カルデラの周遊道路を経由し、クレーターズ・ロードに入る。

1 現在の道路のすぐ脇には噴火で飲み込まれた旧道路が残り、自然の力を今もまざまざと見せつけている。車を停めて道路を覆った溶岩の上を歩くことも可能。2 途中にはビューポイントが点在。道路脇から見下ろせば真っ黒に固まった溶岩流の跡が続き、溶岩流が海まで到達したことがよく分かる。

81
ハワイ島
チェーン・オブ・クレーターズ・ロード
Chain of Craters Road

噴火で飲み込まれた悲劇の道は
黒と青の世界が広がる絶景ロード

154

82 ハワイ島
ハイウェイ19
Highway 19

海を横目に走る島の大動脈
溶岩台地に描かれたサンゴのアートも

マナーを守り
実際に作るのは
やめよう

ヒロとカイルア・コナを北回りで海岸沿いに結ぶ幹線道路。そのうちヒロ-ワイメア間は、島を1周するママラホア・ハイウェイの一部となっている。コハラ・コースト周辺は、黒い大地に白いサンゴで描かれたコーラル文字が道路沿いに点在。

ACCESS & DATA

コナ、ヒロどちらの空港からもすぐの場所を通る。特に西海岸はコナ国際空港とカイルア・コナやワイコロアを結ぶ、空港アクセス道の役割を担っている。

毎年春に開催される「ラバマン・トライアスロン」をはじめ、ダイナミックな景観を生かしたマラソンやトライアスロンの大会が行われている。コナ国際空港の周辺を中心に、ほとんどひっきりなしに描かれているコーラル文字。しかし、死骸とはいえサンゴを海から持ち出す行為は問題にもなっている。

155

広大な牧草地を貫く一本の道筋
山と空に抱かれた高原ライン

83 ハワイ島
コハラ・マウンテン・ロード
Kohala Mountain Road

❶

ハワイの州鳥・ネネも近くにいますよ

❷ ハワイ島最北端のハヴィと内陸のワイメアを結ぶ。コハラ山脈に沿って走り、牧草地のなかを突き抜けていく高原道路。途中にはビューポイントに駐車スペースが設けられ、遥か彼方まで続く大地やコハラ・コーストの海岸線が見渡せる。

ACCESS & DATA
起点となるワイメアまではコナ国際空港から車で約45分、ヒロ国際空港からは約1時間20分。どちらも19号線(Highway 19)を利用して向かう。

❶標高が高く、マウナ・ロアやマウナ・ケアの山容、海岸線のリゾートエリア、遠くコナ国際空港まで見渡せる絶景ロード。しかし、アップダウンやカーブが多いので、景色に目を奪われすぎないように注意。❷周辺にはサボテンが多く生えているので、変わった形のサボテンを車窓から探してみるのも楽しい。

ヒロと西海岸を内陸で結ぶ。マウナ・ケア山頂へのアクセス道としても重要だが、道幅の狭さと路面の悪さから長くレンタカー走行禁止のルートに。最近になり整備が進んでレンタカーも解禁、快適で眺めもいい山岳道路に生まれ変わった。

ACCESS & DATA

ヒロ国際空港からはヒロの市街地に入りワイアヌエヌエ通りを左折して西へ。コナ国際空港からはワイコロアまで出てそこから内陸へ。190号線を経由する。

[1] マウナ・ケア山頂へと続く道路の入り口付近にあるプウ・フルフル。溶岩台地に囲まれた噴石丘があり、聖地として大切にされてきた。公園も整備され、休憩にぴったり。[2] マウナ・ケアとマウナ・ロアの間を通り、島の2大巨頭を脇目に走る絶景ルート。レンタカー会社ごとに走行禁止エリアが異なるので事前確認を。

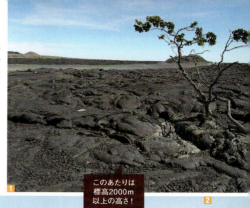

このあたりは標高2000m以上の高さ！

交通の難所が一転、快適山岳ロードに！
北のマウナ・ケアと南のマウナ・ロアを同時に拝む

84 ハワイ島
サドル・ロード
Saddle Road

85

ハワイ島

グリーンサンド・ビーチ
Green Sand Beach

砂も海もオリーブグリーンに染まる
アメリカ最南端に位置する幻のビーチ

貴重な砂を絶対に持って帰らないで!

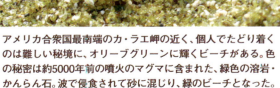

アメリカ合衆国最南端のカ・ラエ岬の近く、個人でたどり着くのは難しい秘境に、オリーブグリーンに輝くビーチがある。色の秘密は約5000年前の噴火のマグマに含まれた、緑色の溶岩・かんらん石。波で侵食されて砂に混じり、緑のビーチとなった。

ACCESS & DATA

時 入場自由(ただし、個人で訪れるのは大きな危険とリスクを伴う)

ほぼレンタカー走行禁止のサウス・ポイント・ロードを通り、さらに悪路を1時間も歩かなければならず、自力で行くのはかなり困難。一部、個人ツアーがある。

1 砂浜だけでなく海にもかんらん石が混じり、グリーンがかった神秘的な色に。2 ビーチの砂は持ち帰り厳禁。近年砂が減ってきており立入禁止になるという噂も。3 砂を間近でよく見ると、緑色のかんらん石が確認できるはず。

159

ウミガメに
ふれることは
厳禁！

160

86 プナルウ ブラックサンド・ビーチ
ハワイ島
Punaluu Black Sand Beach

火山活動が創り出した真っ黒なビーチ
目を凝らせばウミガメの姿も！

3 その名の通り、真っ黒な砂が一面に広がるビーチ。黒い砂は海に流れ着いた溶岩流が海中で急激に冷やされ、粒子状に砕けたもの。砂はサラサラで、雨が降ればより黒さが増す。日光浴や産卵にやってくるウミガメが見られるビーチとしても有名だ。

時 入場自由

ACCESS & DATA
ヒロ国際空港から車で1時間15分、コナ国際空港からは2時間。どちらも海岸沿いの11号線を利用する。街灯がなく、夜間は真っ暗になるので早めに訪れよう。

1 ウミガメは一見、砂に紛れて見分けづらいが、多いときにはあちらこちらで見られることも。 2 一般的なハワイのビーチと変わらずヤシの木も生えており、黒砂の特異性をより引き立てている。 3 島でも代表的な観光名所のひとつ。ビーチへの看板を見落とさないようにしよう。

リゾートホテルが集まるワイコロアの北にあるビーチ。海岸に真っ白なサンゴの小石が散らばっており、黒い溶岩とのコントラストも独特だ。ほとんどが岩場なので海水浴には向かないが、海の透明度が高いのでシュノーケリングが楽しめる。

ACCESS & DATA

西海岸に位置しているのでコナ国際空港が近い。空港から19号線（Highway 19）をひたすら北上、車で35分ほどで着く。ヒロ国際空港からは約1時間35分。

時入場自由

[1] 周辺はビーチ・パークになっており、シャワーやトイレがきちんと整備されているほか、バーベキューグリルもある。
[2] 19号線のコーラル文字に使われるサンゴは、ここから持って行っているといわれている。自然物を人の手で動かさないよう、マナーは守ろう。

近くには、岩に絵が刻まれたペトログリフも

真っ白なサンゴ石が大量に散らばる
これが本当の"ホワイトビーチ"

87 ハワイ島
ホロホロカイ・ビーチ
Holoholokai Beach

MAUI マウイ島
KAUAI カウアイ島
LANAI ラナイ島
MOLOKAI モロカイ島

- 88　ハレアカラ国立公園　P.164
- 89　ラハイナ　P.170
- 90　パイア　P.174
- 91　モロキニ島　P.180
- 92　ナ・パリ・コースト　P.184
- 93　ハナレイ　P.188
- 94　ワイメア渓谷　P.192
- 95　コロア　P.196
- 96　ワイルア川州立公園　P.200
- 97　ケアヒアカヴェロ(神々の庭園)　P.204
- 98　シップレック・ビーチ　P.208
- 99　ラナイ・シティ　P.212
- 100　モロカイ島　P.216

88

マウイ島

ハレアカラ国立公園
Haleakala National Park

雲を突き抜けて訪れる"太陽の家"
雲上ドライブで山頂の別世界へ

ハレアカラ国立公園
Haleakala National Park

P164-165_横断歩道を渡るとそこには雲海が広がっていた。P166_雲海を黄金色に染める夕日も神秘的。1 噴石丘が重なり合う荒涼としたハレアカラ・クレーター。2 ハワイ州の州鳥として知られる絶滅危惧種「ネネ」に出会えることも。3 数十年に一度しか花を咲かせない、ギンケンソウの群生地でもある。4 山頂まで舗装された道が続き、景色を楽しみながらドライブできる。5 上からは曲がりくねった378号線とその先のクラ、カフルイの町まで見下ろせる。

ワインディングロードを登って山頂へ！

PARADISE VIEW Travel Guide 88

ハレアカラ国立公園
Haleakala National Park

半神半人の英雄・マウイの伝説が宿る山は神秘的な自然美が連続する

標高3055mのマウイ島最高峰の盾状休火山、ハレアカラを中心に広がる国立公園。ハワイ語で"太陽の家"という意味をもつハレアカラには、マウイ島の名の由来である神と人間の間に生まれた半神半人のマウイが、昼の時間を長くするために太陽に山頂からロープをかけて動きを遅らせたという伝説が残る。雲上の山頂には月面さながらの荒野が広がるクレーターがあり、内部を歩くトレイルも人気。また、雲海から昇る朝日をはじめ、夕日や星空観測も感動的だ。

ハレアカラ国立公園 [マウイ島]

WHERE?
国立公園はマウイ島の南東エリアに広がり、面積はおよそ120km²。378号線を登り、標高約2000mの地点に公園入り口がある。

DATA
☎808-572-4400
所 Haleakala National Park　時 24時間　休 無休
料 車1台につき$10、自転車・バイク各$5

ACCESS
ホノルル国際空港から約30分でカフルイ空港へ。空港からハレアカラ山頂までは車で1時間30分ほど。37号線（Haleakala Hwy.）、377号線（Kekaulike Ave.）を経由して、378号線（Crater Rd.）に入る。幅が狭いが頂上まで舗装されており、レンタカーでも走行可能。乗車したまま園内に入れるので、車でアクセスする人が多い。

CHART
- ▶スケール度　★★★★★
- ▶難易度　★★★☆☆
- ▶予算　$10　大人1人当たりの予算
  ※車1台の入園料

ADVICE
道路は基本整備されているが、途中で雲の中を通り、特に朝や雨が降った日などは霧が発生する場合もある。また、夜は378号線への入り口の看板が見えづらいので注意。山中では給油できないので必ずガソリンは満タンに。山頂付近は夏でも10℃を下回るので防寒着を準備しよう。

道沿いにはいくつも標識があるので、注意しておこう。慎重な運転を心がけて

+ INFORMATION
オプショナルツアーで+αのお楽しみも

運転が不安な人はツアーへの参加もひとつの手段。日本語ガイド付きで朝日または夕日観賞に加えて星空観測、さらにはトレッキングもできるものなど、見どころを網羅したツアーが揃う。朝日観賞後にマウンテンバイクでふもとまで下るダウンヒルも好評。

トレイルコースの出発地点には、ハレアカラ天文観測所もある

| マウイ島 | ハレアカラ国立公園 Haleakala National Park |

PLANNING

山頂からのサンライズを見に行こう!

START

AM 4:00
空が明るくなる前に、ハレアカラへ出発!

まだ空が暗い時間から車で山頂へ。人気スポットとあって観光客に加え、ローカルも早起きして続々と集まってくる。

事前に日の出時間を調べておくのを忘れずに

AM 6:30
いよいよサンライズの時間に！しっかりと目に焼きつけよう

果てしなく続く雲海の先からゆっくりと太陽がお目見え。ダイナミックな日の出におもわず息をのむ。移り変わりゆく天空の景色を楽しみたい。

太陽が顔を出し、雲海が光り輝く神秘的な光景に

AM 7:30
さらに、ハレアカラ・クレーターを歩くトレイルコースに挑戦

朝日を拝んだ後は、ケオネヘエヘ・トレイル、通称スライディング・サンズ・トレイルへ。赤い地面や岩が転がる荘厳なハレアカラ・クレーターを歩けば、まるで違う星に降り立ったかのような感覚に。

ハレアカラ・クレーターは長さ約12km、深さ900mの巨大クレーター

宇宙映画の撮影に使われたことも

AM 6:00
無事にハレアカラ・ビジター・センターへ到着。日の出を待つ

標高2969m地点にあるハレアカラ・ビジター・センター近くの駐車場に車を停める。頂上ではないが、日の出観賞のベストスポット。場所を確保してその時を待とう。

ビジター・センターは日の出から営業。近くにトイレもある

AM 7:00
トレイルを登ってホワイト・ヒルからの景色も堪能

ビジター・センターからパ・カオアオ・トレイルを使って穴場ビュースポット、ホワイト・ヒルへ。ここからはハワイ島のマウナ・ケアを望むこともできる。

岩を積み上げたような丘の頂上までは約300m

AM 9:00
ハレアカラを満喫したら、公園を出てふもとの村を散策

行きは暗くて見えなかった景色を、帰りは眺めながら戻ろう。途中、山麓にあるクラの村に寄り道を。のどかな高原地帯は緑豊かで、酪農のほか、野菜、花の栽培が行われている。

斜面にはラベンダー畑が広がっている

GOAL

AROUND SPOTS

クラ・ロッジ＆レストラン
Kula Lodge & Restaurant

ハレアカラの中腹にたたずむレストラン。マウイオニオンたっぷりのスープや、クラ産野菜を使った窯焼きピザが人気。

☎808-878-1535
所15200 Haleakala Hwy. 時7:00～20:00 休無休 交ケカウリケ通り(377号線)沿い

名物のマウイオニオンスープ

ウルパラクア・ランチ・ストア
Ulupalakua Ranch Store

ウルパラクアにある牧場の小屋風ショップ。牧場でとれた作物などを販売し、ハンバーガーが名物のカフェも併設。

☎808-878-2561
所HC1 Box 901 Hwy. 37 時9:30～17:30、カフェ 11:00～15:00 休無休 交クラ・ハイウェイ(37号線)沿い

敷地内の馬とふれあえる

アロハ・カウボーイ
Aloha Cowboy

マカワオにあるショップ。ハットやブーツなど、ウエスタンな洋服やアクセサリー、雑貨がところ狭しと並ぶ。

☎808-344-7924
所3643 Baldwin Ave. 時10:00～18:00 休無休 交マカワオ・ボールドウィン通り沿い

ウエスタンブーツの種類も豊富

89

マウイ島

ラハイナ

Lahaina

海沿いのストリートに個性的な店が並ぶ
かつてのハワイ王国の首都

2 P170-171_ラハイナ港に立つマウイ島最古のホテル「パイオニア・イン」。1901年の創業当時の外観を残したまま、今も現役のホテルとして愛されている。1 ラハイナで一番賑やかなフロント・ストリート。海岸線沿いにショップがぎっしりと並び、夜も人通りが絶えない。2 朽ち落ちかけた古い桟橋が、捕鯨が盛んだった時代をしのばせる。3 海に沿った直線通りのフロント・ストリート。ゆっくり時間をかけて端から端まで歩き通したい。4 ラハイナ・ハーバーは釣りやホエールウォッチなど、さまざまなアクティビティの拠点。

12〜4月には
ザトウクジラが
やってきます

| マウイ島 | ラハイナ Lahaina |

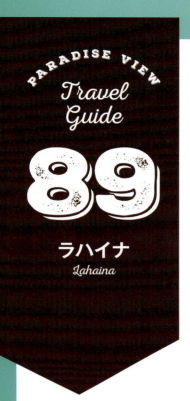

PARADISE VIEW
Travel Guide
89
ラハイナ
Lahaina

歴史的建造物や史跡が数多く残るノスタルジックな港町

19世紀初めにハワイ王国の最初の首都が置かれたラハイナは、捕鯨船の拠点としても栄えた。古い趣が漂う港町であり、マウイ島を代表する観光スポットだ。メインストリートには個性的なショップやレストラン、アートギャラリーなどがずらり。国立歴史保護地区に指定され重要な史跡も豊富で、60カ所以上の歴史スポットを示したルートマップ「ラハイナ・ヒストリック・ウォーキング・トレイル」をビジター・センターなどで入手すれば、史跡めぐりも楽しめる。

WHERE?
マウイ島西部の沿岸に位置。島のメインリゾートとして有名なカアナパリの南に位置し、ビーチリゾートの玄関口としても機能している。

ラハイナ[マウイ島]

ACCESS ✈
ホノルル国際空港から約30分のフライトでカフルイ空港へ。空港から車で40分ほどだ。380号線 (Kuihelani Hwy.) を南下、30号線 (Honoapliilani Hwy.) に入り、海岸沿いにカアナパリ方面へ北上。ラハイナを循環する公共バスもあるが、島内を自由に移動するならレンタカーが便利。空港以外は営業所が少ないので、先に借りておこう。

CHART
▶スケール度　★★★☆☆
▶難易度　　　★★★☆☆
▶予算　　　$20〜　大人1人当たりの予算
※アウトレットでの買い物など

ADVICE
港町のラハイナは、オレンジ色に染まった夕暮れ時の景色もロマンチック。海岸沿いのレストランで夕日を眺めながらのサンセットディナーは、観光客の定番の楽しみのひとつだ。フロント・ストリートの有名レストランは連日混雑しているので、ディナー利用は予約が必須。

徐々に色を深める空と海。日が暮れると賑やかな町がさらに活気づく

＋ INFORMATION

話題の新ショッピングスポットをチェック！
町のメイン通り、フロント・ストリート沿いに2013年12月、「ザ・アウトレット・オブ・マウイ」がオープン。広大な面積を誇るオーシャンフロントのアウトレットで、有名ブランドやアメカジブランドなどのショッピングが楽しめる。カフェやレストランなども好評だ。

歴史ある町の雰囲気を感じる建物が残り、海を望む絶好のロケーション

90

マウイ島

パイア
Paia

パイア
Paia

看板メニューの
フィッシュ・
サンドをぜひ！

2 P174-175_古い建物を改装したカフェやショップが立ち並ぶオールドタウン。P176_カラフルなペンキで彩られたボールドウィン通りの一角。1 ハナ・ハイウェイとボールドウィン通りの角にある「パイア・フィッシュ・マーケット」は、地元魚介を使ったシーフードレストラン。2 1920年代の建物をリノベーションした「パイア・イン・ホテル」。3 町なかのいたるところに、かわいらしいモチーフの看板が見られる。4 なにげない町の1シーンからも、ゆったりと流れる時間が感じられる。5 カフェはローカルの憩いの場。6 ノスタルジックなアンティーク雑貨探しも楽しい。

PARADISE VIEW
Travel Guide
90
パイア
Paia

海沿いの町は物語の舞台のよう
古きよき町並みの魅力にふれて

島のサトウキビ産業全盛期に栄えた小さな町。当時の盛況は、"騒々しい"という意味の「パイア」の名が、忙しくプランテーションで働く住人の様子から付けられたことからもうかがい知れる。その後、産業の衰退で町は過疎化。近年になってサーファーや若者たちが移り住み、ようやく活気を取り戻した。現在は地元で大切に守られてきた文化に、アジアやヨーロッパの若者文化が融合。カラフルな看板や木造建築が並ぶ町並みは、新旧2つの文化の共存の象徴だ。

パイア［マウイ島］

WHERE?
マウイ島北部の海岸沿いに位置。町はサトウキビ畑に囲まれており、ウインドサーフィンのメッカ、ホオキパ・ビーチがそばにある。

ACCESS
マウイ島のメインゲートであるカフルイ空港から36号線（Hana Hwy.）を北東に15分ほど直進。ボールドウィン通りと交わったあたりが、ショップやレストランが軒を連ねる町の中心だ。また、36号線は"天国"と呼ばれるハナへと続く道でもあり、中心地のマカワオやクラへのアクセスも便利。マウイの旅の拠点としてもおすすめの町だ。

ADVICE
町散策に加えて観光名所も回りたいという人におすすめなのが、パイアから車で30分ほどでアクセスできるイアオ渓谷州立公園。独特の形状をしたイアオ・ニードルをはじめ、作家マーク・トゥエインが「太平洋のヨセミテ」と絶賛した渓谷美を展望台から望むことができる。

午後になると天候が悪くなることが多く、霧や雲が立ち込めてきてしまうので注意

+ INFORMATION
サーファーにこよなく愛されるビーチへ
パイア再生の一因となったサーファーたちがこぞって通っていたのが、北マウイのホオキパ・ビーチ。冬になると強烈な貿易風により波が高くなり、ウインドサーファーが各地から集まってくる。パイアの町からは36号線をハナ方面へ車で5分のところにある。

近くにある見晴台からも、波に乗るサーファーの姿を眺められる

CHART
- ▶ スケール度　★★★☆☆☆
- ▶ 難易度　★★★☆☆☆
- ▶ 予算　$199〜　大人1人当たりの予算
  ※パイア周辺ホテルの1泊の相場

| マウイ島 | バイア Paia |

PLANNING

個性あふれる
ショップで
お買い物三昧！

START

AM 12:00　バイアの町に到着！まずはハナ・ハイウェイを歩く

目印は町の入り口にある「PAIA」の看板。後方の駐車場に車を停めたら、いざ散策開始！駐車場からはサトウキビ畑が広がっている様子も見られる。

駐車場は午後には混み合う場合もある

PM 0:30　おいしそうな匂いに誘われてオーガニックピザランチ

小麦粉から具材の野菜までオーガニック食材を使用して作るピザが名物の、「フラット・ブレッド・カンパニー」でランチ。石窯で焼き上げるピザはどれもモチモチ。

食べ応えのある大きなピザは具材とチーズがたっぷり

PM 1:30　ロコアーティストによるアクセサリーは自分用にもぜひ！

ジュエリー、絵画、陶器など、ロコアーティスト作品が店内にずらりと並ぶ「バイ・ザ・ベイ」。インテリアや雑貨も販売している。マリンテイストのアイテムはおみやげにも

PM 2:00　普段使いもできそうなカジュアルなビーチウエアをゲット！

ビーチファッションにひとつプラスしたい、カジュアルなファッションを扱う「イムリー」へ。日本に帰っても使えそうなシンプルなアイテムが揃う。

「バイア・イン・ホテル」の1階にある

PM 2:30　ボールドウィン通りに入ったらかわいいお店を発見！

水色と赤の外観がひと際目立つ、ハワイ×『不思議の国のアリス』がコンセプトの「アリス・イン・フラランド」。オリジナルからローカル御用達のセレクトアイテムまで幅広く揃う。

誰もが目が釘付けになるかわいい外観

PM 3:00　人気のオープンテラス席でクレープ＆コーヒーブレイク

種類豊富なデザートクレープが人気の「カフェ デ アミス」。食事系クレープ、インドカレーもあり、さまざまなシーンに対応できると評判で、終日ローカルで賑わっている。

カフェ入り口の隣にあるオープンテラス席

GOAL

町にはまだまだ訪れてほしい名店がいっぱい

OTHER SPOTS

カフェ・マンボ
Cafe Mambo

ハンバーガーにトルティーヤ、スイーツと幅広いジャンルの料理が揃うカフェ。使い勝手がよく、居心地も抜群。

☎808-579-8021
所30 Baldwin Ave.
時8:00～21:00
休無休 交ボールドウィン通り沿い

カラフルな店内の絵画にも注目

ルタート
Letarte

ルタート姉妹が運営するマウイ発の水着ブランド。ゼブラ柄やスカル柄など遊び心あるデザインのアイテムが人気。

☎808-579-6022
所24 Baldwin Ave.
時9:30～18:30、日曜10:00～18:00
休無休 交ボールドウィン通り沿い

カリフォルニアやNYにも店を展開

パイア・ジェラート
Paia Gelato

マウイ島で人気のジェラート店。地元農場のフルーツを使ったジェラートは、コクがありさっぱりとした味わいだ。

☎808-579-9201
所115 Hana Hwy.
時7:00～22:00
休無休 交ハナ・ハイウェイ沿い

観光客にもローカルにも大人気

マウイ島

モロキニ島
Molokini Island

上陸が禁じられた三日月形の無人島
サンゴ礁の海で魚たちと出会う

島付近の海中の透明度は50m以上！

P180-181_海に三日月が浮かんだようなモロキニ島の全景。上空からでも海水の透明度の高さが見て取れる。1️⃣美しいサンゴ礁に囲まれた周辺の海はダイビングやシュノーケリングのメッカ。クルーズ船が多数往来する。2️⃣溶岩でできた複雑な地形もダイバーが憧れる所以。3️⃣海上に突き出した島の周囲は断崖。溶岩の噴出や堆積によって形成された荒々しい表情を見せる。4️⃣豊かなサンゴ礁に育まれたトロピカルフィッシュの宝庫。

| マウイ島 | モロキニ島 Molokini Island |

PARADISE VIEW
Travel Guide
91
モロキニ島
Molokini Island

透明度抜群の海中の噴火口内でシュノーケリング&ダイビング

マウイ島沖合に浮かぶモロキニ島は、火山の噴火口が海に沈み、一部分が海面に残りユニークな三日月形になった無人島。海洋生物保護区に指定されているため一般の人の島への上陸は禁止だが、海中は元来の生態系が残された熱帯魚の楽園。噴火口内でシュノーケリングやダイビングが楽しめる世界でも珍しいスポットだ。噴火口内は浅いところで5m、深いところでも15mほどで、海面に顔をつけただけで底まで見通せる抜群の透明度。日常とかけ離れた感動的な体験ができる。

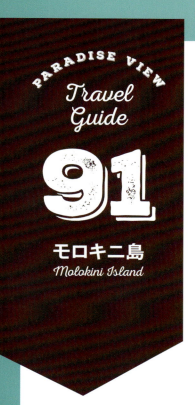

WHERE?
マウイ島南部、マケナ・ビーチ州立公園から西側に5kmほど離れた島。さらに先にはカホオラウェ島があり、2島にちょうど挟まれている。

→ モロキニ島

DATA
時 島内上陸禁止

ACCESS ✈
マウイ島から船で1時間ほど。シュノーケリングツアーなどに参加して島に近づくのが一般的だ。中央部南岸のマアラエア港から、ツアーボートやクルーズ船が出航している。マアラエア港へはマウイ島の玄関口であるカフルイ空港から380号線(Kuihelani Hwy.)を南下、30号線(Honoapliilani Hwy.)を経由して車で20分ほど。

CHART
- ▶スケール度 ★★★★☆
- ▶難易度 ★★★★★
- ▶予算 $127 大人1人当たりの予算 ※シュノーケリングツアー参加時

ADVICE
モロキニ島は陸からも眺められる。マウイ島南部のマケナ・ビーチから見るとモロキニ島はわずかに傾いていて、火山が斜めに隆起した島だということが分かる。また、他島からマウイ島行きの飛行機からも小さくだがモロキニ島が見え、上空から三日月形を捉えることができる。

マケナ・ビーチから見たモロキニ島(右側)。エメラルドグリーンの海も印象的

+ INFORMATION
午前中の爽快なシュノーケリングツアー
シュノーケリングツアーは朝8時ごろマアラエア港を出航し、9時ごろモロキニ島付近に停泊。船上ランチを挟んで合計2時間30分ほど潜り、13時ごろマアラエア港へ帰港するのが一般的なスケジュール。途中でポイントを移動するので、ウミガメと泳ぐこともできる。

日本人スタッフが乗船する初心者向けツアーなどもあるのでチェック

神々しいほど壮大な
ベルベットグリーンの崖に息をのむ

カウアイ島
ナ・パリ・コースト
Na Pali Coast

P184-185_切り立った断崖が複雑に入り組む。1 "神々の彫刻"ともいわれる見事な自然の造形美。2 海上遊覧ツアーでは青く光る洞窟に出会えることも。3 太平洋から押し寄せる荒波が白い飛沫を上げる美しい海岸線。4 標高約1300mのプウ・オ・キラ展望台からの眺め。

上空から圧巻の眺めを堪能♪

| カウアイ島 | ナ・パリ・コースト
Na Pali Coast |

PARADISE VIEW
Travel Guide
92
ナ・パリ・コースト
Na Pali Coast

人を寄せ付けない断崖絶壁の秘境
大自然の産物が雄大な姿で魅了する

ハワイ語で"断崖"の名をもつナ・パリ・コースト。長い年月をかけて波、雨、風に侵食された海岸線は、その名の通り、高さ数百mの断崖が垂直に海に落ち込み、秘境と呼ぶのにふさわしい畏怖を漂わせる。崖を落ちる幾筋もの滝、点在する洞窟、彫刻のような渓谷美など、見る者を圧倒する光景は、大自然が創出した一大スペクタクルだ。『ジュラシック・パーク』など多くの映画の撮影地としても有名。内陸からのアプローチは難しいが、ヘリコプターや船から圧巻の眺めが楽しめる。

ナ・パリ・コースト
[カウアイ島]

WHERE?
カウアイ島の北西部にある、全長約27km、高さ1000mにもおよぶ断崖絶壁の海岸線。でこぼこした深い緑の険しい崖が連なっている。

ACCESS ✈
車でのアクセスは不可。ツアーに参加して、空または海から近づくのが一般的だ。空からの場合、カウアイ島南東部のリフエ空港をメインに、北のプリンスヴィル空港からもツアーが催行。海からの場合、カウアイ島南西部のポートアレン港からツアー船やツアーボートが出航。夏はガイドと一緒に行くカヤックツアーも人気だ。

CHART
▶スケール度 ★★★★★
▶難易度 ★★★★
▶予算 $189 大人1人当たりの予算
※ヘリコプターツアー参加時

ADVICE
ナ・パリ・コーストにはカララウ・トレイルという有名なトレッキングルートがある。しかし片道約17kmもあり、キャンプをして2日がかりで、途中で危険を伴う厳しい場所も通る難易度の高いコース。やはり無理をせず、ヘリコプターやボートなどのツアーを利用したい。

カララウ・トレイル。海沿いが多いルートだが、初心者には危険がつきまとう

+ INFORMATION
空から？海から？多彩なツアーから選ぼう

絶景に空から近づくヘリコプターツアーは、所要約1時間。むき出しになった赤土と山肌の緑のコントラストなど、上空からならではの景観が楽しめる。海上遊覧ツアーは、シュノーケリング体験付きのツアーや、日没前に眺望を楽しむサンセットツアーなども好評。

サファリ・ヘリコプターズはリフエ空港近くから1時間ほどのフライト

93

カウアイ島

ハナレイ
Hanalei

桟橋を染める夕焼けに癒され
ゆったりと時間が過ぎる贅沢

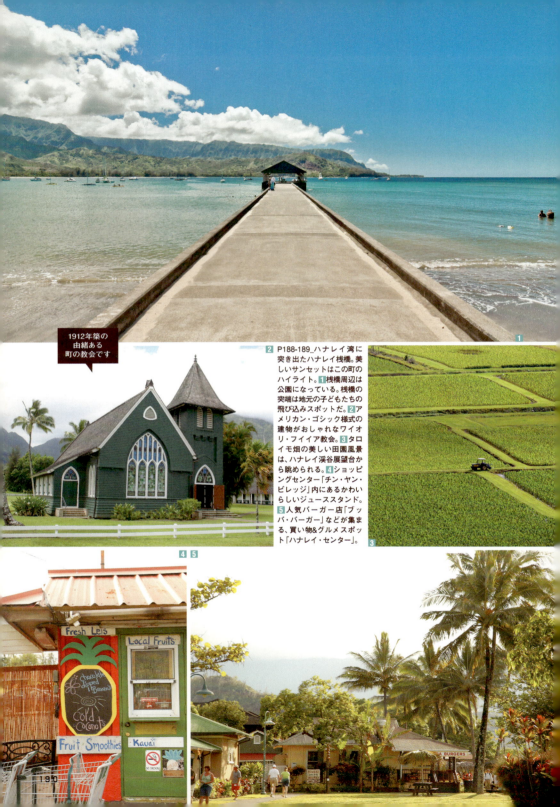

1912年築の
由緒ある
町の教会です

② P188-189_ハナレイ湾に突き出たハナレイ桟橋。美しいサンセットはこの町のハイライト。❶桟橋周辺は公園になっている。桟橋の突端は地元の子どもたちの飛び込みスポットだ。❷アメリカン・ゴシック様式の建物がおしゃれなワイオリ・フイア教会。❸タロイモ畑の美しい田園風景は、ハナレイ渓谷展望台から眺められる。❹ショッピングセンター「チン・ヤン・ビレッジ」内にあるかわいらしいジューススタンド。❺人気バーガー店「ブッバ・バーガー」などが集まる、買い物&グルメスポット「ハナレイ・センター」。

| カウアイ島 | ハナレイ Hanalei |

PARADISE VIEW
Travel Guide
93
ハナレイ
Hanalei

弓形の海と霧がかかった山に抱かれた
素朴な魅力が詰まったスモールタウン

ハナレイはハワイ語で"三日月形"の意味があり、弓形にカーブを描くハナレイ湾の穏やかな美しさで知られている。のどかな風景がスロー な気分にさせる、素朴な魅力にあふれた町だ。山麓にはタロイモ畑が広がり、丘の上の展望台からはやわらかな色調でキルトのような畑が見渡せる。町なかには2つのショッピング施設をメインに、おしゃれなカフェやアンティークショップが点在。食べ歩きやショップめぐりも楽しい。1日の終わりはもちろん、ハナレイ湾の夕日で締めくくろう。

ハナレイ［カウアイ島］

WHERE?
カウアイ島の北部、島を代表するリゾートホテル、プリンスヴィル・リゾートの西に立地。風光明媚なハナレイ湾を中心に広がっている。

ADVICE
ハナレイは1958年に公開されたアメリカ映画『南太平洋』で、楽園として描かれた場所。町は当時と変わらない時代を超えた美しさを留め、特に夕暮れ時は外せない。カウアイ島を旅する際は、この夕日を拝むためにも1日はプリンスヴィルに宿泊する日を予定に組み込もう。

桟橋の先にそびえるナ・パリ・コーストのさらに先に、日が沈んでいく

ACCESS
ホノルル国際空港からカウアイ島南東部のリフエ空港へ。空港からは56号線（Kuhio Hwy.）で島の東岸から北岸にかけて海岸線沿いをぐるりと回る、50分ほどの一本道ドライブだ。カウアイ島は公共の交通機関が少なく、タクシーでの移動は高額になるので、レンタカーが便利。日本で事前予約し、空港で借りるのが一般的だ。

+ INFORMATION
ハナレイ湾を望む5つ星リゾートでくつろぐ
ハナレイから車で数分のザ・セント・レジス・プリンスヴィル・リゾートは、太平洋を一望する岬に立ち、ハナレイ湾の眺めも格別。特にメインダイニングの「マカナ・テラス」から見る景色は秀逸。朝食やランチはもちろん、旅の拠点に宿泊利用もおすすめだ。

「マカナ・テラス」はハワイ産食材をアジア風にアレンジした料理が揃う

CHART
▶スケール度　★★★☆☆
▶難易度　★★★☆☆
▶予算　$237.5〜 大人1人当たりの予算
※プリンスヴィル・リゾート1泊時

500万年という年月が刻み込まれた
太平洋のグランドキャニオン

94
カウアイ島
ワイメア渓谷
Waimea Canyon

まさに渓谷にかかる7色の橋

1 P192-193_深い谷が遠くまで続く圧倒的なスケールを誇っている。2 渓谷へ向かう550号線、通称ワイメア・キャニオン・ドライブの途中にあるワイメア・キャニオン展望台。180度の大パノラマが目の前に広がる。2 ワイメア渓谷にかかる落差240mのワイポオ滝も展望台から眺められる。3 渓谷一帯は州立公園になっていて、初級から上級まで複数のトレッキングコースが整備されている。4 ワイメア渓谷は雨が多く虹がかかることもあり、ダブルレインボーが見られることも。5 雨上がりに日が差すと、湿った緑が匂いたつように輝く。

194

| カウアイ島 | ワイメア渓谷 Waimea Canyon |

PARADISE VIEW Travel Guide 94
ワイメア渓谷
Waimea Canyon

褐色の岩肌と深い緑のコントラストを180度開けた展望台から一望する

深さ最大1000m超え、幅およそ2kmの谷が、長さ22kmにもわたって続くワイメア渓谷。「太平洋のグランドキャニオン」の別名をもち、切り立った丘、ごつごつした険しい岩山が遠くまで続く驚異的な景観が広がる。ワイメアはハワイ語で"赤茶けた水"という意味があり、むき出しになった褐色の岩肌と深い緑のコントラストも見事だ。展望台があるドライブコースは最終的にコケエ州立公園まで続き、「コケエ自然史博物館」でワイメア渓谷についての展示も見られる。

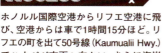

ワイメア渓谷［カウアイ島］

WHERE?
カウアイ島南西部からワイメア川沿いに北にのびる巨大な渓谷。ワイメア渓谷、コケエという2つの州立公園を有している。

DATA
時 各展望台は入場自由

ACCESS ✈
ホノルル国際空港からリフエ空港に飛び、空港からは車で1時間15分ほど。リフエの町を出て50号線(Kaumualii Hwy.)でハナペペ方面へ向かい、さらに海岸線に沿って北西へ。ワイメアで550号線(Waimea Canyon Dr.)に入れば絶景ドライブの始まりだ。カウアイ島はレンタカーが便利。日本で事前に予約しておき、空港で借りよう。

CHART
▶スケール度　★★★★★☆
▶難易度　★★★☆☆
▶予算　$10　大人1人当たりの予算
※途中のコケエ・ロッジでランチ

ADVICE
絶景ポイントによっては、車から降りて足場の悪い道を歩くところもある。ワイメア渓谷は雨が多く、晴れていても地面が濡れて滑りやすくなっていることもあるので、滑りにくく歩きやすい靴で出かけよう。赤土で靴に付くとなかなか落ちないため、汚れにくい素材を選びたい。

標高が高いところは肌寒い場合もあるので、上着も1枚あるとベスト

+ INFORMATION
絶景！ ワイメア・キャニオン・ドライブ
ワイメア・キャニオン・ドライブは、ヘアピンカーブが続くワインディングロードだ。道沿いには眺めのいい休憩ポイントが多数。ワイメア・キャニオン展望台のほかにプウ・ヒナヒナ展望台、カララウ展望台もあり、絶景を満喫するドライブが楽しめる。

高低差は激しいが舗装されているので、レンタカーは普通乗用車でOKだ

95

カウアイ島
コロア
Koloa

歴史を物語るオールドタウンから
白砂が続く美しいビーチへ

ゴーッという
轟音も
迫力十分！

P196-197_520号線にあるツリー・トンネル。樹齢100年以上のユーカリ並木が1.1kmにわたって続く。**1** ポイプの西側にある「ビーチ・ハウス・レストラン」。太平洋を眺めながらシーフードやカウアイ島の郷土料理が味わえる。**2** オールド・コロア・タウンにある「コロア・シェイブ・アイス」は、かき氷の人気店。**3** 潮吹き穴（スパウティング・ホーン）は、ポイプの西端に位置。溶岩の穴から高さ6mもの海水が吹き上がる。**4** ポイプ・ビーチでは、ハワイアン・モンク・シールの愛らしい姿を見ることもできる。ふれることや近づくことは禁止されているので注意。

| カウアイ島 | コロア Koloa |

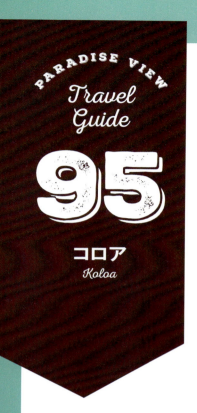

PARADISE VIEW
Travel Guide
95
コロア
Koloa

プランテーション時代の面影を残す古い町並みとポイプ・ビーチが見どころ

オールド・コロア・タウンからポイプのサウス・ショアにかけて、南北にのびるコロア地区。サトウキビ産業発祥の地として知られ、1835年に製糖工場が操業したのをきっかけに、日本人を中心に多くの移民が集結、その繁栄を支えた。当時の面影がうかがえる古い町並みがあちこちに残され、特にオールド・コロア・タウンは昔の建物を生かしたかわいらしいショップが軒を連ねる人気エリア。美しいビーチが連なるポイプは、高級ホテルが立ち並ぶ島屈指のリゾートエリアだ。

コロア［カウアイ島］

WHERE?
カウアイ島の最南端に位置。南に太平洋、北にはカヒリ・マウンテン・パークやリフエ・コロア森林保護区があり、自然豊かな環境だ。

ACCESS
ホノルル国際空港からリフエ空港への国内線を利用。空港からコロアの中心地、オールド・コロア・タウンへは約20km、車で20分ほど。50号線（Kaumualii Hwy.）とツリー・トンネルのある520号線（Maluhia Rd.）を経由する。オールド・コロア・タウンから南海岸のポイプ・ビーチへはポイプ・ロード（Poipu Rd.）経由で約5km、車で7分ほどだ。

CHART
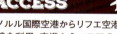
▶スケール度　★★★☆☆
▶難易度　　　★★★☆☆
▶予算　　$10　大人1人当たりの予算
※スエオカ・ストアでの買い物

ADVICE
コロアはカウアイ島のなかでも晴天率が高く、比較的天候が安定しているエリア。長期滞在してのんびり過ごすのもおすすめだ。日用品や食料品を手に入れるなら、オールド・コロア・タウンにある「スエオカ・ストア」で買い出しを。日系人のスエオカさんが経営する老舗スーパーだ。

地元産の食材も豊富に揃う。軽食が楽しめるスナックショップも併設している

+ INFORMATION
全米 No.1 にも輝いたポイプ・ビーチ
南海岸にあるポイプ・ビーチは、白砂の美しさで知られる人気のビーチ。浅瀬ではシュノーケリングが楽しめ、ビーチでは野生のハワイアン・モンク・シールが現れることも。海岸沿いには高級ホテルから、リーズナブルなコンドミニアムまで、多くの宿が揃う。

2001年に全米No.1ビーチに選出。遠浅の海岸が続き子連れも安心だ

カウアイ島
ワイルア川州立公園
Wailua River State Park

ここで結婚式を挙げるカップルも多数

P200-201_ジャングルの中を蛇行して流れるワイルア川。1カウアイ島で最も川幅が広く、カヤックやボートが行き交う。2シダの洞窟は、かつては王族のみ立ち入りを許された神聖な場所。ボートで行くツアーが人気だ。3上流には美しいワイルア滝もある。滝へはワイルアからは行けないので要注意。リフエから56号線（Kuhio Hwy.）を北に向かい、ハナマウルからマアロ・ロード（Maalo Rd.）経由で行く。4アウトリガーカヌーで、景色を楽しみながら上流を目指すのも気持ちいい。

| カウアイ島 | ワイルア川州立公園 Wailua River State Park |

PARADISE VIEW
Travel Guide
96
ワイルア川州立公園
Wailua River State Park

熱帯雨林に覆われたワイルア川をボートやカヤックでさかのぼる

島の東を流れるワイルア川周辺は、太平洋を渡ってきた先住民がハワイ諸島で最初に定住した、カウアイの文化の発祥地。かつて王族のみ通行を許されたクアモオ・ロードが川の脇を走っており、道沿いには島最古のヘイアウ（古代ハワイ人の石造神殿）や史跡が点在。王国時代、最も神聖な場所とされた歴史を現在に伝えている。ジャングルを縫うように流れるワイルア川の上流には、美しい滝や王族が結婚式を行ったシダの洞窟があり、ボートやカヤックのツアーでめぐれる。

→ ワイルア川州立公園 ［カウアイ島］

WHERE?
島の中央にそびえる標高1569mのワイアレアレ山から東海岸に注ぐ全長約32kmのワイルア川。この河口付近が、ボートツアーの玄関口だ。

DATA
☎808-274-3444（ハワイ州政府州立公園課 カウアイ事務所）
時 入場自由

ACCESS
ホノルル国際空港からリフエ空港へ。空港から州立公園があるワイルア川までは約8km、車で約10分だ。51号線(Kapule Hwy.)と56号線(Kuhio Hwy.)を北上し、56号線をワイルア川に沿って左折、580号線(Kuamoo Rd.)へと入る。そのまま直進すると、駐車場の看板をはじめ、ヘイアウや史跡、オパエカア滝などの名所が点在している。

CHART
▶スケール度　★★★★☆
▶難易度　　　★★★★☆
▶予算　$20　大人1人当たりの予算
※シダの洞窟クルーズ利用時

ADVICE
カヌーやカヤックのツアーは、ジャングルでのハイキングがセットになっているものが多いので、汚れてもいい服装と履き慣れたスニーカーで参加しよう。滝壺でも遊べるので水着を持参するといい。ワイルアやポイプ、リフエのホテルから送迎が付くツアーもあるので事前に確認を。

ツアーはガイドが付くので、初心者や子どもでも安心。料金は$110前後だ

+ INFORMATION
歌や踊りもあり！ シダの洞窟クルーズ

河口からボートに乗って川を上流し、シダの洞窟を目指すクルーズツアーはSmith'sが催行。30分ほど川を上ったら、そこから先はボートを降りて、歩いて洞窟を目指す。船上や洞窟では、ハワイアンソングの演奏で楽しませてくれる。所要時間1時間30分。

HP www.splashofkauai.com/j_activities/smiths-ferngrotto
日本語 可　予約 不要

203

荒涼とした赤い大地に無数の岩が点在
ここは静寂に包まれた神々の庭園

97

ラナイ島

ケアヒアカヴェロ(神々の庭園)
Keahiakawelo (Garden of The Gods)

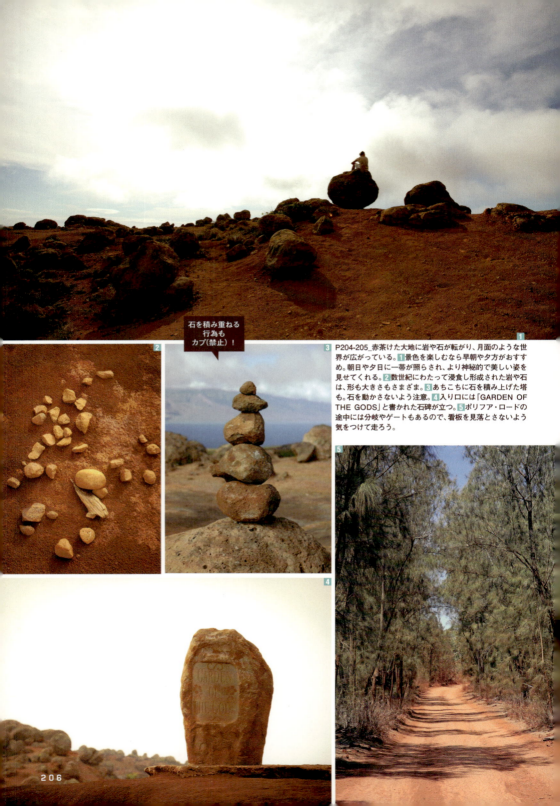

石を積み重ねる行為もカプ（禁止）！

P204-205_赤茶けた大地に岩や石が転がり、月面のような世界が広がっている。❶景色を楽しむなら早朝や夕方がおすすめ。朝日や夕日に一帯が照らされ、より神秘的で美しい姿を見せてくれる。❷数世紀にわたって浸食し形成された岩や石は、形も大きさもさまざま。❸あちこちに石を積み上げた塔も。石を動かさないよう注意。❹入り口には「GARDEN OF THE GODS」と書かれた石碑が立つ。❺ポリフア・ロードの途中には分岐やゲートもあるので、看板を見落とさないよう気をつけて走ろう。

206

| ラナイ島 | ケアヒアカヴェロ（神々の庭園）
Keahiakawelo（Garden of The Gods） |

PARADISE VIEW
Travel Guide
97
ケアヒアカヴェロ
（神々の庭園）
Keahiakawelo（Garden of The Gods）

カフナが創り出した不毛の地
夕日とのコントラストは必見！

"神々の庭園"として知られるケアヒアカヴェロ。ハワイに残る伝説では、ラナイ島とモロカイ島の2人のカフナ（神官）が、どちらの島が長く火を燃やし続けられるかを争った結果、この不毛な土地が誕生したとされている。荒涼とした赤土の大地には、無数の岩や石の塔が点在。風がやむと周囲は静寂に包まれ、まるで別世界に迷い込んでしまったようだ。夕暮れ時にはオレンジ色の光に照らされた岩肌が、赤や紫に刻一刻と表情を変え、その美しい光景が訪れる人々を魅了している。

WHERE?
ラナイ・シティから北西に約10km、赤土の大地が広がる内陸部に位置。ポリフア・ビーチへ向かう一本道の途中にある。

ケアヒアカヴェロ
（神々の庭園）［ラナイ島］

DATA
時 入場自由

ACCESS
ホノルル国際空港からラナイ空港へ約25分のフライト。空港から有料のシャトルバスでラナイ・シティのレンタカー会社へ。そこから車でラナイ・アベニュー（Lanai Ave.）、ケオムク・ハイウェイ（Keomuku Hwy.）、カネプウ・ハイウェイ（Kanepuu Hwy.）を経由して約30分。未舗装のポリフア・ロード（Polihua Rd.）を進めば到着だ。

CHART
▶スケール度　★★★★☆
▶難易度　　　★★★★
▶予算　　　　$139〜　大人1人当たりの予算
※ラナイ・シティでレンタカー利用

ADVICE
ケアヒアカヴェロへ向かうポリフア・ロードは未舗装のダートロード。4WDのレンタカーとある程度の運転技術が必須だ。悪路が続くので必ず窓を閉め、運転にはくれぐれも注意。センターラインも外灯もないので、対向車に注意して、暗くなる前にラナイ・シティに戻ろう。

ハンティング禁止の看板。石を移動したり重ねたりすることも禁止だ

+ INFORMATION
島のもうひとつの伝説の地へ
島南部、美しいフロポエ湾とマネレ湾に挟まれたプウ・ペヘ（スイートハート・ロック）は、島の象徴ともいえる高さ24mの岩。若き戦士マカケハウとラナイの少女ペヘの、悲恋の伝説が残る地だ。フロポエ・ビーチから短いハイキングコースも整備されている。

島からほんの少し離れた海上に浮かぶ岩。サンセットも美しい

錆び付いた難破船が沖合に残る
哀愁ただよう北のはずれのビーチ

P208-209_錆びた姿は、まるで映画に登場する幽霊船のようだ。1 朽ち果てたタンカーのたたずまいと、青い空や海との対比が印象深い。2 ビーチの入り口には「SHIPWRECK BEACH」と刻まれた大きな岩が置かれているので、目印にしよう。3 洋上に浮かぶ姿は、迫力十分。ビーチからは、マウイ島のホテル群やモロカイ島も眺められる。4 シップレックとは"難破船"という意味。潮流が速く風も強いので、ビーチには多くの漂流物が流れ着いている。

船だけでなくビーチの散策も楽しんで！

| ラナイ島 | シップレック・ビーチ
Shipwreck Beach |

PARADISE VIEW
Travel Guide
98
シップレック・ビーチ
Shipwreck Beach

多くの船が座礁した難所
沖にはマウイ島とモロカイ島も

約13kmにわたって砂浜が続くシップレック・ビーチ。このビーチがあるカイオロヒア湾の沖合は水深が浅く岩礁が広がっているため、かつて多くの船が座礁し、難所とされてきた。そして現在も、錆びて朽ち果てた1隻のタンカーが、ほぼ原型のままに取り残されている。長年にわたって波と風を受け続け、まるで亡霊船のような雰囲気を醸し出すこの船は、1940年代の石油タンカーとされる。近くには灯台の廃墟もあり、どことなく非現実的で、日常から切り離されたような場所だ。

WHERE?
ラナイ・シティから北に約14km。東にマウイ島、北にモロカイ島を望むカイオロヒア湾にある。島内で最もモロカイ島に近いビーチだ。

シップレック・ビーチ
[ラナイ島]

DATA
時 入場自由

ADVICE
ラナイ・シティから海岸付近までは舗装道だが、海岸手前の分岐を左折してからは未舗装の砂道になる。砂が深く道も悪いので4WDのレンタカーが必須だ。さらに、かなりの運転テクニックが必要になるので、少しでも不安な人は砂道には入らずに海岸線を歩いたほうが安心だ。

潮の流れが激しいので、泳ぐのには向いていない。人も少なく静かなビーチだ

ACCESS
ホノルル国際空港からラナイ空港に降り立ち、有料のシャトルバスでラナイ・シティのレンタカー会社へ。ラナイ・シティから車で約30分。「フォーシーズンズ リゾート ラナイ ザ ロッジ アット コエレ」の手前を左折して、ケオムク・ロード（Keomuku Rd.）で海岸線を目指す。海岸手前の分岐を左折し約2kmでシップレック・ビーチの看板だ。

+ INFORMATION
ビーチの近くにはペトログリフも！
シップレック・ビーチの看板を過ぎ、トレイルを183mほど登ったククイ岬には、古代ハワイアンが刻んだ岩絵・ペトログリフが点在している。赤茶色の巨石が目印だ。ラナイ島にはほかにも、ルアヒワなどの保存状態のよいペトログリフが各所に残されている。

ルアヒワのペトログリフは、ラナイハレ山中腹の険しい坂道にある

CHART
▶スケール度	★★★★☆
▶難易度	★★★★☆
▶予算	$139〜 大人1人当たりの予算 ※ラナイ・シティでレンタカー利用

211

のどかな風景が広がる高原地帯
島で唯一の町でまったりそぞろ歩き

99

ラナイ島

ラナイ・シティ
Lanai City

P212-213_「フォーシーズンズ リゾート ラナイ ザ ロッジ アット コエレ」の目の前には牧場が広がり、馬車に乗ってウエディングフォトの撮影をする人も多いそう。**1**ローカル憩いの場「カヌーズ・ラナイ・レストラン」。**2**ショップやレストラン、ギャラリーはドール・パーク周辺に集結。**3**「フォーシーズンズ リゾート ラナイ ザ ロッジ アット コエレ」のガーデン。**4**昔懐かしいトタン屋根の家が残り、のどかな雰囲気。**5**島唯一のガソリンスタンド「ラナイ・プランテーション・ストア」。コンビニも併設。

中心部は道も舗装され運転しやすい!

| ラナイ島 | ラナイ・シティ Lanai City |

PARADISE VIEW
Travel Guide
99
ラナイ・シティ
Lanai City

碁盤の目のように道路がのびる
コンパクトな町をのんびり散策

ラナイ・シティの歴史は、1922年からスタートする。ラナイ島で広大なパイナップル農園を立ち上げたドール社が、農園で働く労働者のために開発したのがこの町だ。計画的に造られたため、道路は縦横に規則正しく区画され、当時の面影を残す古いトタン屋根の家々が並んでいる。島唯一の町でもあり、約3000人の島民の大半がこの町で生活。素朴な雰囲気に包まれた小さな町なので、散策も楽しい。ハワイ有数の高級リゾートもあり、高原や森、渓谷をめぐる乗馬体験が人気だ。

ラナイ・シティ ［ラナイ島］

WHERE?
標高約500m、島の中央部から南西部にかけて広がる高原地帯に位置。島の最高峰、標高1027mのラナイハレの西麓にある町だ。

ACCESS ✈
ホノルル国際空港から国内線でラナイ空港へ。空港からは440号線(Kaumalapau Hwy.)経由で約5km、車で10分ほどで町に着く。ラナイ空港にはレンタカーのカウンターがないため、有料のシャトルバスを利用しよう。シャトルバスは空港や島内3つのホテル、ダラーレンタカー、マウイ島へのフェリーが発着するマネレ湾を巡回している。

ADVICE
高原に位置するラナイ・シティは、島の他地域と比べて涼しく過ごしやすいのが特徴。夏の気温は平均23℃、冬は19℃。長袖の上着が1枚あると便利だ。中心部にあるドール・パークの周辺は無料の駐車場になっているので、レンタカーを停めて買い物や散策を楽しみたい。

背の高いパインツリーが並ぶドール・パークを囲むように、町が形成されている

+ INFORMATION
趣の異なる島の3つのホテル
ラナイ・シティのホテルは、高級リゾート、「フォーシーズンズ リゾート ラナイ ザ ロッジ アット コエレ」と、リーズナブルな「ホテル・ラナイ」の2軒。島内にはほかに南端のフロポエ・ビーチに、「フォーシーズンズ リゾート ラナイ アット マネレ ベイ」がある。

「フォーシーズンズ リゾート ラナイ ザ ロッジ アット コエレ」の客室

CHART
▶スケール度 ★★⯨☆☆
▶難易度 ★★★★☆
▶予算 $149〜 大人1人当たりの予算
※ホテル・ラナイ1泊時

100 モロカイ島
モロカイ島
Molokai Island

手つかずの自然と伝統が共生する
ハワイで最もハワイらしい島

展望台から
半島を
一望できます

P216-217_カウナカカイにあるカプアイワ・ココナッツグローブ。① 舗装されていない道路も多いので、4WDの車を手配しよう。② 北部にあるカラウパパ半島は、かつてハンセン病患者の隔離施設があった陸の孤島だ。③「モロカイ島にいるんだから、ゆっくり行こうよ」。④ ハラワ渓谷には落差76mのモオウラ滝や落差152mのヒプアプア滝があり、滝へのハイキングツアーも人気。⑤ 日系人経営のパン屋「カネミツ・ベーカリー」。

| モロカイ島 | モロカイ島 Molokai Island |

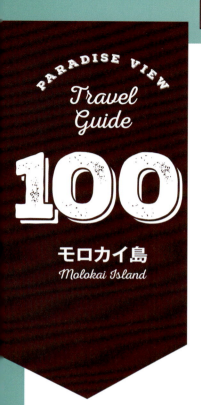

PARADISE VIEW
Travel Guide
100
モロカイ島
Molokai Island

アロハ・スピリットが息づく温かくフレンドリーな島

古代ハワイの面影と精神が色濃く残るモロカイ島。住民の半数以上がハワイ先住民で、彼らは島の開発よりも、太古から続く自然や伝統、生活を重んじてきた。そのため、島内には信号がなく、ヤシの木より高い建物も存在しない。島の東部には、古代ポリネシア人が最初に定住したとされるハラワ渓谷など、緑深い山々や滝があり、ヘイアウや遺跡も点在。中央部は住民の生活の場であり、農園も多いエリアだ。西部の海岸線には美しいビーチが続き、コンドミニアムが集中している。

モロカイ島

WHERE?
オアフ島から南東に40km、マウイ島から北西に13kmの距離にある。全長61km、幅は広いところでもわずか16kmと、東西に細長い島だ。

ACCESS ✈
ホノルル国際空港から国内線を利用しモロカイ空港へ。飛行時間は約25分。空港にはレンタカーの営業所もある。空港から島の中心地カウナカカイへ13km、車で約15分。コンドミニアムが集まる西部のカルアコイへ24km、車で約25分。マウイ島のラハイナ港と島のカウナカカイ港を結ぶフェリーも運行されている。所要時間約1時間30分。

CHART
▶スケール度 ★★★★☆
▶難易度 ★★★★☆
▶予算 $329 大人1人当たりの予算
※マウイ島から日帰りツアーを利用

ADVICE
島には日本語サービスや観光客向けのツアーデスクはない。コンドミニアムやB&Bを利用する場合、現地の不動産屋またはオーナーと、直接のやりとりが必要だ。大きい道路の最高速度は時速45マイル（約72km）に定められているので、運転時にはスピードの出し過ぎに注意を。

5kmにわたり白砂のビーチが続くパポハク・ビーチ。西海岸には夕日の名所も多い

+ INFORMATION
モロカイ島を日帰りで満喫！
マウイ島ラハイナ港発の日帰りツアーも人気だ。フェリーで島に渡ったら、パラアウ州立公園やカラウパパ展望台でダイナミックな自然を満喫。カウナカカイの町の散策や、コーヒー農園の見学なども付く、盛りだくさんの内容だ。日本語ガイド付きのツアーもあり。$329〜。

島最大の町・カウナカカイには30軒ほどのショップやレストランがある

219

TRAVEL INFORMATION

旅の準備

渡航前に、国内で事前に準備しておかなければならないのがパスポートとESTAの認証。パスポートの新規の取得には約1週間が必要なので、早めの準備を。万が一のトラブルに備える海外旅行保険も考慮して。

用意するもの

パスポート ＋ **ESTA** ＋ **海外旅行保険**

- パスポート：帰国予定日まで有効なパスポートならば問題なし。ただし、入国時に有効期限が90日＋滞在日数分以上あるのが望ましい。
- ESTA：滞在が90日以内で観光目的の場合、ビザは免除され、代わりにESTAの認証が必須。専用サイトで渡航72時間前までに申請を。
- 海外旅行保険：万が一、現地で病気やケガ、盗難などトラブルにあった場合に、保険に加入していれば心強い。さまざまな保障タイプがあるので自分の旅行プランに合わせて検討しよう。

アクセス方法 ✈

ハワイへの直行便は、成田、羽田、関空はじめ日本各地から就航している。なお、日本からオアフ島以外への直行便は飛んでいないので、ホノルル国際空港を経由して各島への国内線を利用する。

ホノルル国際空港から他島への国内線出発ロビー

日本⇔ホノルル国際空港 [行き 約7時間／帰り 約9時間]

ハワイ便の日本出発は、基本的に夕刻～夜。現地到着は早朝となる。また、羽田空港からは深夜に出発して、現地到着がお昼頃になる便も。帰りは成田便が朝から昼すぎ、羽田便は夕刻にホノルル発。日本着は翌日の午後となる。

ホノルル国際空港⇔ハワイ島その他

オアフ島以外の島へ行く場合は、日本の空港で、ホノルル乗り継ぎであること、最終目的地がどこになるかを伝える。ホノルルでは、飛行機を降りて荷物をピックアップし、国内線荷物カウンターで便名・最終目的地を告げて預ける。

ホノルル⇔ハワイ島その他 所要フライト時間

ハワイ島	ヒロ国際空港	約50分
	コナ国際空港	約45分
マウイ島	カフルイ空港	約35分
	カパルア・ウエスト・マウイ空港	約45分
カウアイ空港	リフエ空港	約40分
ラナイ島	ラナイ空港	約35分
モロカイ島	ホオレフア空港	約35分

ホノルル国際空港⇔ワイキキ中心街

空港から中心街への移動手段は主に4種。滞在プランや予算に合わせて選ぼう。

THE BUS：ワイキキまでは$2.50とリーズナブルだが、スーツケースなど大きな荷物の持込は不可なので注意して。

TAXI：到着ロビーを出るとTAXIの表示が。ワイキキまでは約25分、$40前後。チップは料金の15%が目安。

SHUTTLE BUS：空港からワイキキの各ホテルを巡回。料金は片道$14.55、往復$26.79。手荷物は2個まで持ち込める。

RENT A CAR：到着後、すぐ自由に行動できるのが利点。日本で予約を済ませておけば、手続きもスムーズだ。

両替 $

空港の両替所をはじめ、銀行、ホテル、街角やショッピングセンターなどの両替所と、両替のできる場所は多い。日本円のみで入国しても困ることはないだろう。両替は基本的に手数料がかかり、そのレートや手数料も場所によってさまざま。一般的に街なかの銀行がレートがよいとされていて、ホテルは少々割高の傾向。

レートが良い ▶ **レートが悪い**

- **銀行**：営業時間が短いのが難点。一度に多額の両替をする場合、パスポートの提示が必要な場合も。
- **両替所**：ワイキキ中心部であれば、夜遅くまで営業している両替所が多数。レート、手数料はさまざま。
- **空港**：レートはあまりよくない。手数料も高めなので、ホテルまでの当座必要な分だけ両替しよう。
- **ホテル**：フロントで24時間対応してくれる。レート、手数料はホテルにより違うが高め。緊急時の利用で。

緊急連絡先 ☎

南国リゾートで気が緩みがちだが、盗難・紛失には注意を。また、日本の気候との違いで体調を崩す場合も。

病院

ドクター・オン・コール 日本語OK
オアフ島／ホノルル シェラトン・ワイキキ・ホテル内
☎808-923-9966
ハワイ島／ワイコロア ヒルトン・ワイコロア・ビレッジ内
☎808-987-7607
マウイ島／カアナパリ ハイアット・リージェンシー・マウイ内
☎808-667-7676

カウアイ・ベテランズ・メモリアル・ホスピタル 英語のみ
カウアイ島／ワイメア
所4643 Waimea Canyon Dr. ☎808-338-9431

在ホノルル日本国総領事館　　☎808-543-3111
ホノルル国際空港（ビジターインフォメーション）☎808-836-6413
警察・消防署・救急車　　☎911

220

旅の基本

レンタカーを借りるには？

ドライブ途中にも絶景がたくさん

空港
到着後、事前に予約していたレンタカー会社のシャトルバスで営業所まで移動し、そこで手続きを行う。

タウン
ワイキキなど、市街地にある営業所まで直接向かい、その場で車を借りる手続きをする。現地予約でも可能な場合が多く、滞在ホテルで手配してくれることもある。

ツアーの申し込み方法

日本で
あらかじめ、ツアーを扱う会社のサイトを検索し、内容や価格の比較をしておくのがベスト。ネットや電話などで予約できる。

現地で
ネットや電話で各ツアー会社に直接申し込むか、現地のツアーデスクで申し込む。ホテル内にあるところなら日本語OKの場所もある。

持ち物・服装

持ち物
長く滞在するならするほど必要な日用品。現地でも揃うが、薬や日焼け止めは使い慣れたものを持参しよう。

服装
常夏の国といわれるハワイだが、9～4月の雨季は上着や雨具、山に登る予定があれば靴も準備しておこう。

ハワイの治安

オアフ島
比較的治安がよいと言われるが、エリアや時間帯通りによっては注意が必要な場所も。深夜の外出は控え、移動が必要ならタクシーを使おう。

ハワイ島その他
オアフ島に比べて夜になると街灯や人通りが少ない。強盗などの犯罪も起こりかねないので、移動は車で、訪れるなら昼間が安心。

ハワイの気候

マウナ・ケアなどの高地は冠雪も

オアフ島
一年を通して20～30℃の温暖な気候。特に5～8月の乾季はベストシーズン。一方雨季は、朝夕の気温が下がり肌寒さを感じることも。

ハワイ島その他
オアフ島とほとんど変わらないが、ハワイ島、カウアイ島は降水量が多いのが特徴。また低地と高地の気温の差が激しい。

絶景旅へのQ&A

Q 現地でリサーチ&データ管理のためにインターネットが使いたい！

A ホノルル国際空港では無料でWi-Fi提供がされている。市街地もホテルやカフェなどで接続可能な場所が多い。ただし、ホテルによっては1日$10～15前後と有料の場合も。日本か現地でルーターをレンタルするのもおすすめ。

Q 山の上に絶景スポットが多いですがどんな用意が必要ですか？

山登りは履き慣れた靴で楽しもう

A 高度が高くなるにつれ気温が下がるので、夏であっても防寒・防風対策は必須。また、気候の急変もありえるので雨対策も。日本の夏山登山の装備を基本に準備するとよいだろう。

Q レンタカーで絶景をめぐる際に注意事項はありますか？

A ツアー以外での立ち入りが禁止されているエリアもあるので確認を。また、道路事情の情報収集が欠かせない。仮に車でのアクセスが可能な場合も、一般の車両でなく4WDなどの走破性の高い車が必要になる場所もある。

Q 旅の費用を安くしたい…。素泊まりできるor安いホテルはある？

キッチン付きの部屋は自炊も可能

A ビーチ沿いよりも、山側に面したエリアは格安なホテルが多い。一週間以上の滞在なら、ホテルよりもコンドミニアムのほうがお得。朝食のみのB&Bスタイルのホテルもおすすめ。

Q 絶景スポットでよく聞くハワイの"神様の伝説"って何ですか？

A ハワイの先住民は古代から自然＝神という概念をもち、今でも数多くの神話や伝説が残る。特に、噴火は気性の激しい火の女神ペレの怒りと伝えられるキラウエア火山や、半神半人のマウイの伝説が残るハレアカラなどが有名。

INDEX

50音順

あ | | P
23	アウトリガー・ワイキキ・ビーチ・リゾート	85
9	アウラニ・ディズニー・リゾート&スパ コオリナ・ハワイ	48
71	アサイー・ボウル(グルメ)	125
33	アロハ・シャツ(花)	101
29	イオラニ宮殿	94
58	ウクレレ(木)	116
46	オヒア・レフア(フラ)	107

か | | P
41	カアナ(フラ)	105
26	カイヴァリッジ・トレイル	90
13	カイルア	64
43	楽器(フラ)	105
75	カップケーキ(グルメ)	127
76	キラウエア火山	130
5	クアロア・ランチ ハワイ	30
64	クジラ(生き物)	120
48	クヒオ・ビーチ・トーチ・ライティング&フラ・ショー(フラ)	107
85	グリーンサンド・ビーチ	158
97	ケアヒアカヴェロ(神々の庭園)	204
40	ケイキ・フラ(フラ)	104
32	KCCファーマーズ・マーケットのハイビスカス(花)	100
57	コア・ウッド(木)	116
27	ココヘッド・トレイル	91
83	コハラ・マウンテン・ロード	156
95	コロア	196

さ | | P
20	ザ・カハラ・ホテル&リゾート	80
84	サドル・ロード	157
19	サンセット・ビーチ	78
2	サンドバー	16
50	シェイブ・アイス(虹)	110
98	シップレック・ビーチ	208
69	JALホノルルマラソン(イベント)	123
11	シャングリラ邸	56

た | | P
1	ダイヤモンド・ヘッド	10
49	ダブル・レインボー(虹)	108
7	タンタラスの丘	40
81	チェーン・オブ・クレーターズ・ロード	154
14	チャイナタウン	68
60	ティキ(木)	117
68	トリプル・クラウン(イベント)	123
4	ドルフィン・スイム	26
62	トロピカル・フィッシュ(生き物)	118

な | | P
92	ナ・パリ・コースト	184
51	ナンバー・プレート(虹)	111
63	ネネ(生き物)	120

は | | P
34	バード・オブ・パラダイス(花)	101
90	パイア	174
82	ハイウェイ19	155
56	ハウ・ツリー・ラナイ(木)	115
16	ハナウマ湾	74
67	花火(イベント)	122
38	花モチーフ雑貨(花)	103
93	ハナレイ	188
61	バニヤン・ツリー(木)	117
53	パラソル(虹)	111
88	ハレアカラ国立公園	164
12	ハレイワ	60
22	ハレクラニ	84
74	ハワイアン・カクテル(グルメ)	127
37	ハワイアン・キルト(花)	103
42	ハワイアン・ジュエリー(フラ)	105
65	ハワイアン・モンク・シール(生き物)	121
70	パンケーキ(グルメ)	124
72	ハンバーガー(グルメ)	126
28	ビショップ・ミュージアム	92
79	ヒロ	146
10	ファーマーズ・マーケット	52
35	ブーゲンビリア(花)	102
86	プナルウ ブラックサンド・ビーチ	160
45	フラ・ドール(フラ)	106
31	フラワー・レイ(花)	98
36	プルメリア(花)	102
44	ポストカード(フラ)	106
80	ホノカア	150
30	ホノルル美術館 スポルディング・ハウス	96
87	ホロホロカイ・ビーチ	162

ま | | P
77	マウナ・ケア	136
25	マカプウ岬	88
3	マジック・アイランド	22
24	マノアの滝	86
73	マラサダ(グルメ)	127
39	マリポサ(フラ)	104
47	メリー・モナーク(フラ)	107
21	モアナ サーフライダー ウェスティン リゾート&スパ	82
100	モロカイ島	216
91	モロキニ島	180
54	モンキーポッド(木)	112

や | | P
55	ヤシの木(木)	114

ら | | P
99	ラナイ・シティ	212
18	ラニアケア・ビーチ	77
89	ラハイナ	170
66	ランタン・フローティング(イベント)	122
52	レインボー・ブレッド(虹)	111
59	レインボー・ユーカリ(木)	116
8	ロイヤル ハワイアン ラグジュアリー コレクション リゾート	44

わ | | P
6	ワイキキ・ビーチ	34
78	ワイピオ渓谷	142
15	ワイマナロ・ビーチ	72
94	ワイメア渓谷	192
17	ワイメア・ベイ・ビーチ・パーク	76
96	ワイルア川州立公園	200

PHOTO CREDIT

P2-3・P4下・P12-13-1・P32-1・P37-1・P40-41・P42-4・P46-3・P62-4・P72-73上・P73-3・P75-1・P105左下・P114・P138-139-1・P144-3・P154-2・P172-1・P174-175・P176・P177-2・P177-3・P177-6・P190-4・P190-5・P199上・P204-205・P206-2・P206-4・P212-213・P214-1・P214-2・P214-4・P214-5・P216-217・P218-3・P218-5・裏表紙: Akira Kumagai、P56-57・P58-1・P58-2・P77-2・P87-2: milimili photography、P62-2: Nahomi Ito、P66-4・P88-89上・P112-113・P150-151: Ryujin Hawaii、P146-147・P170-171: Pakkai Yim、P195上: www.splashofkauai.com

Hawaii Tourism Authority
P32-3: Daeja Faris、P63上・P70-5・P71上・P92-2・P95-3・P95-4・P104下・P105右下・P116右上・P160-2・P167-5・P186-3・P202-3・P218-2・P218-4: Tor Johnson、P107右上: Lehua Waipa AhNee、P139-4: Kirk Lee Aeder、P166・P168上・P178上・P198-3・P210-3・P211上・P211下・P219上・P219下: Hawaii Tourism Japan、P182-1: Ron Garnett、P198-4・P200-201: Robert Coello、P206-1・P207下・P214-3・P215上: Dana Edmunds、P208-209: Pierce M Myers Photography

Shutterstock
P4上: Malgorzata Litkowska、P10-11: Andrew Zarivny、P14下: Lisa Hoang、P15上・P94-95左上: Jeff Whyte、P15右中・P120-121上・P188-189: Steve Heap、P24-1: Bruce C. Murray、P26-27: Willyam Bradberry、P37-4: Dhoxax、P42-3: David Bolin、P43上: Eric Broder Van Dyke、P64-65: tropicdreams、P76-2・P156-1: Andre Nantel、P94-1: kshiota、P94-2: cleanfotos、P107左上: Archiwiz、P116左下: Martina Roth、P116右下: chaythawin、P118-119: frantisekhojdysz、P123左下: Mana Photo、P130-131: Nickolay Stanev、P132-3: Marisa Estivill、P133-2: Sekar B、P133-5: Claudio Rossol、P136-137: MarcelClemens、P138-2: Meister Photos、P141右中: Andreas Koeberl、P144-1: kuma、P149下: Michael Warwick、P155-1: Goran Bogicevic、P157-2: Dwight Smith、P159-2: Bonita R. Cheshier、P167-1: Henner Damke、P167-2: iofoto、P167-3: Vacclav、P182-4: Hiroyuki Saita、P187上: Paul Langereis、P190-3: John Sartin、P192-193: Sarah Fields

テーマ別

常夏の楽園を象徴するビーチ

2	サンドバー	16
6	ワイキキ・ビーチ	34
15	ワイマナロ・ビーチ	72
16	ハナウマ湾	74
17	ワイメア・ベイ・ビーチ・パーク	76
18	ラニアケア・ビーチ	77
19	サンセット・ビーチ	78
53	パラソル(虹)	111
85	グリーンサンド・ビーチ	158
86	プナルウ ブラックサンド・ビーチ	160
87	ホロホロカイ・ビーチ	162

壮大かつ神秘的な海景色

3	マジック・アイランド	22
25	マカプウ岬	88
66	ランタン・フローティング(イベント)	122
68	トリプル・クラウン(イベント)	123
92	ナ・パリ・コースト	184
98	シップレック・ビーチ	208

山の上はビュースポットの宝庫

1	ダイヤモンド・ヘッド	10
7	タンタラスの丘	40
26	カイヴァリッジ・トレイル	90
27	ココヘッド・トレイル	91
76	キラウエア火山	130
77	マウナ・ケア	136
88	ハレアカラ国立公園	164

川・滝・渓谷の景観美を堪能

24	マノアの滝	86
78	ワイピオ渓谷	142
94	ワイメア渓谷	192
96	ワイルア川州立公園	200

神聖な大地に足を踏み入れる

5	クアロア・ランチ ハワイ	30
97	ケアヒアカヴェロ(神々の庭園)	204

見上げればなにかがある空

49	ダブル・レインボー(虹)	108
67	花火(イベント)	122

独自の特色をもつ秘境の島

91	モロキニ島	180
100	モロカイ島	216

車窓からの眺めを楽しむ道

81	チェーン・オブ・クレーターズ・ロード	154
82	ハイウェイ19	155
83	コハラ・マウンテン・ロード	156
84	サドル・ロード	157

それぞれに個性がある町

12	ハレイワ	60
13	カイルア	64
14	チャイナタウン	68
79	ヒロ	146
80	ホノカア	150
89	ラハイナ	170
90	パイア	174
93	ハナレイ	188
95	コロア	196
99	ラナイ・シティ	212

人類の英知が詰まった建築物

8	ロイヤル ハワイアン ラグジュアリー コレクション リゾート	44
9	アウラニ・ディズニー・リゾート&スパ コオリナ・ハワイ	48
11	シャングリラ邸	56
20	ザ・カハラ・ホテル&リゾート	80
21	モアナ サーフライダー ウェスティン リゾート&スパ	82
22	ハレクラニ	84
23	アウトリガー・ワイキキ・ビーチ・リゾート	85
28	ビショップ・ミュージアム	92
29	イオラニ宮殿	94
30	ホノルル美術館 スポルディング・ハウス	96

生き物たちとの出会いに感動

4	ドルフィン・スイム	26
62	トロピカル・フィッシュ(生き物)	118
63	ネネ(生き物)	120
64	クジラ(生き物)	120
65	ハワイアン・モンク・シール(生き物)	121

美しい花木に癒される

34	バード・オブ・パラダイス(花)	101
35	ブーゲンビリア(花)	102
36	プルメリア(花)	102
46	オヒア・レフア(フラ)	107
54	モンキーポッド(木)	112
55	ヤシの木(木)	114
59	レインボー・ユーカリ(木)	116
61	バニヤン・ツリー(木)	117

島で大切にされている文化

10	ファーマーズ・マーケット	52
40	ケイキ・フラ(フラ)	104
41	カアナ(フラ)	105
47	メリー・モナーク(フラ)	107
48	クヒオ・ビーチ・トーチ ライティング&フラ・ショー(フラ)	107
60	ティキ(木)	117
69	JALホノルルマラソン(イベント)	123

持って帰れる絶景!?アイテム

31	フラワー・レイ(花)	98
32	KCCファーマーズ・マーケットのハイビスカス(花)	100
33	アロハ・シャツ(花)	101
37	ハワイアン・キルト(花)	103
38	花モチーフ雑貨(花)	103
42	ハワイアン・ジュエリー(フラ)	105
43	楽器(フラ)	105
44	ポストカード(フラ)	106
45	フラ・ドール(フラ)	106
51	ナンバー・プレート(虹)	111
57	コア・ウッド(木)	116
58	ウクレレ(木)	116

視覚も味覚も大満足なグルメ

39	マリポサ(フラ)	104
50	シェイブ・アイス(虹)	110
52	レインボー・ブレッド(虹)	111
56	ハウ・ツリー・ラナイ(木)	115
70	パンケーキ(グルメ)	124
71	アサイー・ボウル(グルメ)	125
72	ハンバーガー(グルメ)	126
73	マラサダ(グルメ)	127
74	ハワイアン・カクテル(グルメ)	127
75	カップケーキ(グルメ)	127

Photography、P194-2：David P. Smith、P194-4：aceshot1、P194-5・P198-1：DonLand、P196-197：Mike Peters、P206-5・P207上・P210-2：Joe West、P210-1：Blaiz、P221左下：Marty Wakat

iStock
P5下：RobertCravens、P22-23・P75-3・P218-1：tropicalpixsingapore、P24-4：BergmannD、P28-3：DebraMcGuire、P32-4：EMPPhotography、P122-123上：oahu_surfa、P148-2：wwing、P160-1：carterdayne、P182-3：fishysam、P186-1：Mlenny、P202-4：Graffizone、P206-3：Missing35mm、P210-4：Bobbushphoto

Aflo
P160-161上：才木一三、P180-181：Pacific Stock、P198-

2：ミヤジシンゴ

PIXTA
P24-2：kailua_otoko、P91-1：MAEMI、P157-1：field1、P159-3：color me colorful、P161-3：ジロー、P177-1：Dai

123RF
P30-31：Malgorzata Litkowska、P34-35：vacclav、P42-2：Tagstock Japan、P87-4：Eric Hinson、P144-4：Alexey Kamenskiy、P194-1：Iriana Shiyan

Fotolia
P5上・P24-3：izo、P75-2：Michelle Lemon、P76-3：juancat、P95-5：Jeff、P102下：yoki5270、P117上：alphadogdesign、P121下・P190-1：eddygaleotti、P139-

3・P148-1：John Penisten、P140上：robert cicchetti、P141左中：Rilasata、P142-143：estivillml、P144-2：astocker38、P149上：eduard4us、P154-1：Benichie、P158・P159-1：Galina Barskaya、P164-165：Tequila、P167-4：DenisDore、P172-2：liquid studios、P172-3：Alessandro Lai、P182-2：Ocean-Image.net、P183上：Charles Rause、P184-185：Michael Brake、P185：SergiyN、P186-2：boreccy、P186-4：Laurin Rinder、P190-2：Paul Michael Photos、P191上：steheap、P202-1：Kenneth Sponsler

朝日新聞社
P43下

Others：P.M.A.トライアングル(野中弥真人・北島和将)

STAFF

編集制作	株式会社 P.M.A. トライアングル	DTP	株式会社 明昌堂
	谷本裕英（チーフディレクター）		
	吉井康平	校正	関根志野
	中田絢子		本郷明子
	髙橋香織		
	石塚圭	デザイン	bitter design
	小川真梨子		矢部あずさ
	強矢あゆみ	企画	朝日新聞出版
	達弥生		白方美樹
	佐藤杏莉		

現地コーディネーター
　　　　高田あや

協力　　関係諸施設
　　　　ハワイ州観光局

PARADISE VIEW

ハワイ 楽園&絶景 100

2015 年 1 月 30 日　第 1 刷発行

編　集　朝日新聞出版
発行者　須田剛
発行所　朝日新聞出版
　　　　〒 104-8011　東京都中央区築地 5 - 3 - 2
　　　　電話 (03)5541-8996（編集）
　　　　　　 (03)5540-7793（販売）
印刷所　大日本印刷株式会社

©2015 Asahi Shimbun Publications Inc.
Published in Japan by Asahi Shimbun Publications Inc.
ISBN 978-4-02-333903-3

定価はカバーに表示してあります。
落丁・乱丁の場合は弊社業務部（電話 03 - 5540 - 7800）へご連絡ください。
送料弊社負担にてお取り替えいたします。

本書および本書の付属物を無断で複写、複製（コピー）、引用することは
著作権法上での例外を除き禁じられています。また代行業者等の第三者に依頼して
スキャンやデジタル化することは、たとえ個人や家庭内の利用であっても一切認められておりません。